변방의 집,
창조의 공간

변방의 집,
창조의 공간

인간의 창조성은 어떤 곳에서 싹트는가

최우용 찍고, 쓰고, 그리다

궁리
KungRee

책으로 닿은 인연,
다시 책으로…

필자는 요즈음 건축 관련 책을 즐기지 않는다. 읽는 책 열 권이면 한 권쯤 될까. 건축 잡지·작품집은 유행 좇아 만든 상품처럼 변죽만 요란하고, 텍스트는 진심 아닌 설론·변설·요설로 여겨지는 것이 많아서다. 그런 책을 보면 깨침은 없고 위안도 없어 겨우 버티는 영혼마저 허해진다. 시속(時俗)이 왜 이럴까. 환자의 아픔을 보지 않고 처방에만 급급한 의술(업)처럼 건축(업)도 사람(삶)을 보지 않고 짓기에만 급급해진 탓이리라. 쓰기 위해 쓴 글이 허망하듯 짓기 위해 지은 집(건축) 또한 허황하다. 내용 없는 형식으로 버티는 모습이 안쓰럽다. 그런 건축(물·가·론)을 접하면 짓는지 짖는지 구분이 어렵다.

그런 중에 책—『다시, 관계의 집으로』—을 한 권 읽었다(2013년 초 여름이었을 것이다). 국내·외의 유·무명 건축물을 둘러 살피는 시선이 건축디자인의 논리—건축설계 일을 하는 경우 십중팔구 지식의 반복과 나열, 건축상품의 공급자적 입장에 빠지기 쉽다—에 젖지 않고 역사·문화·문학을 녹여 일상을 보듬는 시선이 넓고도 자상했다. 특히 건축물을 사용하는 사람의 입장(주변 환경·사회적 맥락)을 놓치지 않고 있었다.

기운 좋게 책을 읽는 중에, 아니 여길 어떻게…? 책 중간에 '자비의 침묵수도원'과 '기찻길 옆 공부방' 이야기가 나왔다. 그곳은 필자의 오래전 작업으로 마음속에 한없는 자긍심을 지니지만 세상에 소문을 내지 않아 아는 이들이 많지 않은 곳이다. 그곳을 어떻게 알고 찾아갔을까. 젊은 건축인이 필자의 작업에 관심을 가진 것이 의외였다. 건축을 대(말)하는 자세를 보면 지으려 하는 집이 보인다. 자본의 자본을 위한 자본에 의한 건축들이 판치는 세상에 사람을 위한 건축을 찾아보려는 그의 착실함이 보였다. 건축(생업수단으로)의 쓴맛을 모를 것 같은 염려도 함께 왔다. 그런 사람에겐 술 한 잔 받는 게 인생이다. 출판사에 전화를 걸었다. "최우용의 연락처를 알 수 없을까요?" "지금 신혼여행 중이라서 연락이 닿지 않을 거예요." 얼마 후 만난 그는 밝고 맑았다. 무엇보다 두주불사, 마셔도 흐트러짐 없는 태도가 마음에 들었다.

그가 어느 날 물었다. "어떻게 하(사)는 것이 건축의 길일까요?" "신자유주의의 첨병이 되어 자본의 시녀가 되어야지." 믿지 않으려는 눈치였다. 그 후 우리는 책 읽는 동아리(책 이야기 한 시간에 술친구 서너 대여섯 시간)에서 만나는 관계가 되었다. 무슨 일로 저녁에 문자를 보냈더니 오밤중(건축설계하는 이들은 야근과 밤샘을 밥 먹듯 한다)에 답이 왔다. "노비처럼 일하느라 응답이 늦었습니다." 그래, 이 시절 우리는 모두 무엇인가의 노비가 아니겠는가. 그런 형국에 이곳저곳을 찾아 공부(답사야말로 큰 건축공부다)하고 글 쓰는 바지런함이 미쁘다. 그가 찾은 곳(장소·건축)은 지리적으로 변방 또는 구석이지만 하나하나가 중심이다. 무엇으로부터의 노비임을 자각할 때 스스로 주인이 되듯이 모든 변방이 중심임을 깨칠 일이다. 그것을 알고 짓는 글은 집과 밥과 노래와 다름없으리. 그의 책을 읽은 인연으로 이 책에 먹물을 더하게 되었다. 건축판에 이런 후배가 있다니 어찌 반갑지 아니한가. 춥지도 덥지도 않은 봄날 당기는 낮술처럼.

이일훈(건축가)

4월 부산 금정산은 전부 초록이었습니다. 산에 뿌리내리고 있는 큰 나무, 작은 나무는 물론 큰 풀, 작은 풀 모두는 내려퍼지는 이른 봄볕에 빽빽한 신록을 비벼내고 있었습니다. 범어사 입구에서 바라본 금정산의 모습은 이렇듯 온통 초록이었습니다. 저 생의 기운으로 충만한, 땅에 뿌리내리고 있는 부동不動의 초록들을 보며 생각했습니다.

식물, 그것들은 땅 속에 뿌리내리고植 있습니다. 그래서 식물들은 움직일 수 없기에 그 뿌리내리고 있는 곳에서 머물러 살 수밖에 없습니다. 식물들은 움직일 수 없는 부자유로, 어제도 오늘도 그리고 내일도 같은 자리에 꼼짝없이 서 있을 뿐입니다. 이런 이유로 식물들은 살기 위해 자족해야 합니다. 별 수 없습니다. 한자리에 붙박인 채 스스로 알아서 먹고살아야 합니다. 식물의 뿌리는 삼투의 힘으로 땅속 물을 빨아먹고, 잎속 엽록체는 햇빛을 받아들여 포도당을 만듭니다. 미토콘드리아는 그 포도당을 짜내 쓰며 머무를 수밖에 없는 정주의 삶을 이어 나갑니다. 식물들은 움직일 수 없는 고립으로 쓸쓸해 보이나 자족할 수 있어서 복되어 보입니다.

동물, 그것들은 움직動일 수 있습니다. 그러나 이 움직일 수 있는 자유는, 어쩌면 원죄일지 모릅니다. 그 몸 안에서 스스로 만들어낼 수 있는 것이 아무것도 없는 가난한 동물들은 끊임없이 움직이며 남의 목숨 취해 제 몸 안으로 밀어 넣어야 살 수 있기 때문입니다. 그래서 동물들은 움직임의 자유로 복되어 보이나, 실상 그 자유는 끊임없이 움직이며 제 안에 무엇인가를 계속해서 집어넣어야 유지되는 매일의 힘겨운 과업에 종속되어 있습니다.

인간이 갖고 있는 정주의 본능, 그 뿌리내리고자 하는 삶에 대한 욕망은 어쩌면 자족으로 자존하는 식물의 복됨을 희구하는 것에서 비롯되는 것일까요? 그래서 우리는 정주의 집을 계속해서 세우는 것일까요? 움직일 수 있는 나는 이 움직일 수 있는 원죄적 자유로 계속해서 움직거리며, 머물러 살고자 하는 본능이 만들어낸 집들과 그 집들에 걸쳐 있는 삶의 자국들을 들여다봅니다.

길 위를 쏘다니며 이것들을 쳐다보고 저것들을 만집니다. 나를 키운 건 팔 할이 바람이다. 미당 서정주 님의 글귀에 궁둥이는 들썩입니다. 어쩌면 내 가난한 밥벌이를 키우는 것 또한 팔 할이 바람이고 또 길일지 모르겠습니다. 이 글은 길과 바람을 씨줄로, 정주의 흔적

변방의 집, 창조의 공간

인 집 이야기를 날줄로 쓰여진, 길 위에서 끼적거린 글들입니다. 다만, 바람처럼 읽히길 바랍니다.

차례

1부
너를 통해 나를 보다

2부
있음이 이로운 것은 없음이 쓰임이 되기 때문이다

3부
form follows function, 그 납작한 허망함을 딛고

4부
흔적의 기억, 기억의 흔적

5부
삶의 한가운데서

한계령 넘어가면

바람소리 들리런가

내

젊은 아내

선화에게

변방의 집을 찾아서

모든 살아 있는 생명은 부단히 변화한다. 변화하기 때문에 살아 있는 것이다. 중심부가 쇠락하는 가장 큰 이유는 변화하지 못하기 때문이다. 변방이 새로운 중심이 되는 것은 그것이 변화의 공간이고, 창조의 공간이고, 생명의 공간이기 때문이다.

– 『변방을 찾아서』, 신영복

중심에 고인 물은 흐를 수가 없고 흐르지 못하는 물은 산소를 품지 못한다. 고인 물은 자정自淨의 기능을 상실하며, 그래서 고인 물은 썩게 된다.

통념通念은 사유의 무덤이다. 일반적으로 널리 통通하는 개념念—통념은 그 '널리' 너머의 사유와 성찰을 포함하지 아니한다. 통념화된 사유는 오직 되풀이를 되풀이하는 무한반복의 한계 속에 갇혀 있을 뿐, 새로운 무엇을 잉태할 수 없는 불모의 사유다.

중심의 알짜가 통념화된 사유로 굳어질 때, 중심은 도태된다. 중심부가 쇠락하는 이유는 굳어지고 박제된 사유로 옴짝달싹할 여지가 없기 때문이리라. 통념과 보수로 꽉 막힌 사회, 스스로를 조감하고 성찰할 수 없는 사회는 반드시 도태될 수밖에 없다고 우리 인류의 역사는 증언하고 있다.

이제 중심부에서 주변부로 시선을 옮겨본다. 변방은 사유가 붙박일 여지가 많지 않다. 변방은 무언가 굳어지고 박제될 여지를 용인하지 않으며, 변방은 자립과 자존과 자생을 위하여 항상 새로운 것들로 불끈거린다. 변방이 그 불끈거리는 힘들을 가지런히 정리하고 또 정돈하여 그 힘에 새로운 방향성을 부여할 때, 비로서 변방은 창조의 공간으로 거듭난다. 창조의 변방은 도태된 중심을 전복시키고 그 스스로 새로운 중심으로 도약한다. 변방은 변화와 창조의 공간이다.

니콜라우스 코페르니쿠스^{Nicolaus Copernicus, 1473~1543}는 신을 중심으로 만물이 자리매김되는 서구 중세의 한복판을 천문학자로 살았다. 유럽의 중세는 절대적 존재 여호와와 그의 '위대한' 피조물 인간이 발 딛고 있는 지구가 우주의 중심인 세계였다. 7일간의 천지창조로 완성된 세상은 태양과 달과 수성과 금성 그리고 모든 별들이 지구를 중심으로 회전하는 지구 중심의 세상이었는데, 천동설은 의심할 수 없고 의심되어질 수 없는 봉쇄된 사유체계였다. 그러나 코페르니쿠스는 의심하고 또 회의했다. 그가 『천체의 회전에 관하여』를 발표했을

변방의 집, 창조의 공간

때, 지구가 우주의 중심이 아닌 변방에서 회전하는 작은 별이라는 관찰결과를 이성적으로 논증했을 때, 중세유럽은 개벽했다. 코페르니쿠스적 전환은 통념화된 사유에 대한 경천동지할 일격이었다.

연암 박지원燕巖 朴趾源, 1737~1805이 살던 시기, 조선의 지식인이며 지배계층이었던 사대부들은 교조화된 성리학에 함몰되어 있었으며, 명분론에 대한 병적인 집착으로 현실인식은 바닥으로 떨어져 있었다. 그들은 북쪽 오랑캐를 벌하자며 북벌에 핏대를 세웠지만, 이미 찬란한 변방의 문명을 중원 한복판에서 새롭게 펼치고 있는 중심의 변방 왕조를 어찌 문약하고 꽉 막힌 구석자리의 책상물림들이 감당할 수 있었겠는가? 박지원은 조선 지식사회의 허위를 맹렬히 비웃는다. 그는 가능한 것과 불가능한 것을 분별하려 했고 버려야 할 것과 취해야 할 것에 대해 고민했으며 사륙변려체로 철저하게 틀 지워진 글쓰기에서 자유로웠다. 박지원은 자유로운 시선으로 세상을 바라봤고 자유로운 글쓰기로 세상을 이해하려 했다. 『열하일기』는 결박되고 감금된 사유체계에서 자유롭고 창조적인 세상 보기로의 전환을 통해 세상에 나올 수 있었다.

프란츠 파농Frantz Fanon, 1925~1961은 1925년 카리브해에 있는 프랑스령 작은 섬 마르트니크에서 태어났다. 그의 아버지는 아프리카계 흑인이었으며 어머니는 흑인 혼혈인 물라토였다. 그는 프랑스 식민지에서 태어난 흑인에 가까운 피식민자였다. 비교적 유복한 환경에서 성장한 파농은 식민지 모국의 백인들이 만들어낸 백인 중심의 식민사회에 편입되길 거부했다. 흑인혼혈이었던 파농은 백인 중심으로 틀 지워진 그 기만적 사회에 완벽히 편입될 수도 없었다. 파농은 자신의 검은 피부를 치열하게 응시하면서 하얀 가면을 향한 허위와 기만을 날카롭게 고발했다. 『검은 피부, 하얀 가면』은 지배적 사유구조에 대한 회의에서 시작한 치열한 자기응시의 결과물이었다. 프란츠 파농은 서구와 비서구, 식민과 피식민 그리고 우월의식과 열등의식, 중심과 변방의 상호관계에 대한 비판적 사유의 틀을 제공했다.

변방은 중심에서 멀리 있다. 그러나 그 중심은 고정불변의 중심이 아니며 그 변방은 계속해서 변방으로만 머물지 않는다. 중심과 변방은 절대적·물리적 공간 개념이 아니다. 자기성찰이 부재한 중심은 그 중심자리에서 밀려나며, 창조의 힘으로 반짝이는 변방은 새로운 중심으로 올라선다. 변방 사유의 찬란한 가치는, 중심에 대한 열등의식과 중심을 향한 교조적 사유에 속박되지 아니하며, 그 들쑥날쑥한 날것의 힘들에 나가야 할 방향을 설정해주었을 때 비로서 떠오른다.

나는 이제 변방의 집들을 둘러본다. 그 구석진 자리에 놓여 있는 집들은, 더러는 알려진 이들이 지은 알려진 집들도 있으나, 대부분 이름 없는 누군가가 지은 이름 없는 집들이다. 이 변방에 있는 무명의 집들은 잉여와 여분의 풍요로움이 없으며 때로는 심각한 결핍으로 앙상해 보이기도 한다. 이 기름기 없고 앙상한 변방의 집들에는 중심담론 또는 거대담론과 같은 '중심적' 무엇이 스며들 여지는 거의 없어 보인다. 이 집들은 대부분 평범한 일상을 꾸리기 위한 최소한의 기능을 목표로, 버려질 수 없는 인간의 최소한의 미적 본능을

변방의 집, 창조의 공간

간신히 조금씩만 챙겨 나가며 만들어졌다. 그래서 이런 집들을 둘러보며 '중심적'인 틀로 무엇인가를 말하고 또 쓰는 일은 낭패스럽고 또 어려운 일이다. 그런데, 변방의 집들은 이러한 변방성을 바탕으로 중심담론 또는 거대담론 속의 통념화된 사유에서 자유롭다. 이 자유로운 지점에서, 아마 변방의 집들에는 창조성이 스며들 수 있을 것이다. 이 변방의 창조성이 관성과 타성에 움트는 변화의 씨앗일 것이고 또 매몰되어가는 생명가치에 대한 눈돌림의 시작일 것이다.

건축이 오로지 벽과 기둥과 지붕과 문으로만 설명될 수는 없을 것이다. 또한 건축이 오로지 철학적 사유의 결과물로만 설명될 수도 없을 것이다. 우리의 집과 건축은 밥 짓고 잠자고 똥 싸고 때로는 일도 하는, 그런 지지고 볶는 일상을 담보로 했을 때에야 온전한 집이고 또 건축이라 할 수 있다. '일상의 공간 속에서 구현될 수 없는 인간의 꿈이란 얼마나 공허한가.'

난 변방의 집들을 둘러보며 그 집들에 눌어붙어 있는, 밥 짓고 잠자고 똥 싸고 때로는 일도 하는 그런 일상의 고단한 흔적과 역사를 들여다본다. 그 고단한 흔적과 역사가 어느 순간 삶과 일상과 또 변화의 욕망을 끌어안은 채, 긍정의 힘으로 새로운 창조의 공간으로 표표히 출현하리라. 그럴 수 있기를 나는 간절히 바라고 또 바란다.

1부

너를 통해 나를 보다

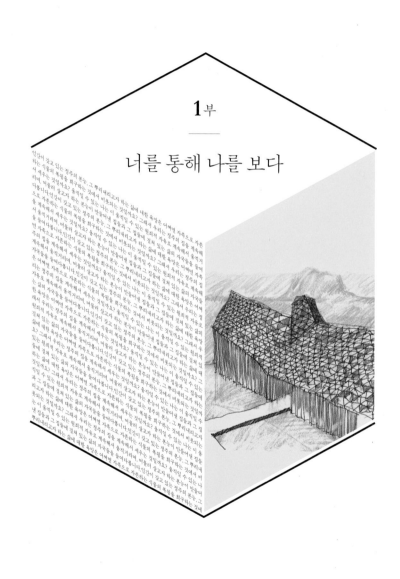

나는 걷는다. 걸으며 스스로에게 묻는다. 내가 지금 발 딛고 있는 여기는 어디인가? 더불어 묻는다. 그럼 내가 향하고 있는 곳은 또 어디인가?

　나의 걷기가 의미가 있을 수 있는 이유는, 내 두 허벅지와 두 장딴지의 근력 때문이 아니며, 내 지금의 위치를 아는 힘과 나아가야 할 방향을 아는 힘 때문이다. 내가 나의 발밑만 보고 걷는다면 나는 반드시 길을 잃을 수밖에 없는데, 내 발밑만 보고 걷는 나는 길을 잃었는지조차 알 수 없다. 내 있는 곳과 내 나아가야 할 방향을 모르는 두 허벅지와 두 장딴지의 힘은 눈먼 힘이다.

　데카르트는 "나는 생각한다, 고로 나는 존재한다^{cogito ergo sum}"라고 말했다. 데카르트는 '나'의 생각의 힘으로 근대철학의 새로운 장을 열었다. 생각하는 '내'가 독립된 주체로서, 내 밖의 모든 것들을 대상으로 파악할 수 있다는, 그리하여 진리에 이를 수 있다는 데카르트의 코기토^{cogito}는 근대 주체철학의 시작이었다. 그런데, '나'의 사유로 파악된 그 모든 것들은 과연 진리인가? 그것이 진리임을 누가 보증해줄 수가 있겠는가? '나'보다 똑똑한 '너'? '너'도 결국 스스로에게는 '나'일 터, '너'나 '나'나 진리보증의 절대적 권능을 갖고 있지 않는 것은 피차 동일하다. 주체를 과신하는 근대철학은 끝내 진리에 닿을 수 없었다.

근대는 주체로서의 인간과 인간 이성에 대한 무한신뢰에서 시작되었다. 인간이 주체가 되어 모든 것을 객체인 대상으로 환원하여 완전히 통제할 수 있다는 자신감. 이 자신감은 근대과학의 도움을 받아 무소불위의 권력을 획득하기에 이른다. 그리고 주체인 인간은 이를 바탕으로 세상 개조를 향한 열망을 적극적으로 펼쳐 나가기 시작했다. 그러나 주체가 인식한 또는 파악한, 객체의 인식된 것 또는 파악된 것은 모두 옳고 참이며 진리였던가? 근대가 만들어낸 세상은 (인식하는) 주체와 (인식되는) 대상, 단 두 가지로 대별되기에, 주체가 파악한 대상의 모든 것이 진리임을 증명해줄 제3자 또는 절대적 판단자가 부재한다. 역시나 근대의 시대정신이 산출한 많은 '진리'들이 결국 너무나도 불안정하다는 사실이 오늘 지금 여기 우리 앞에 여실히 펼쳐져 있다.

탈근대는 이 난점에 의문을 보내며 시작되었다. 절대적 주체 그리고 그 주체가 설정한 진리에 대한 회의. 이 회의를 통해 주체에서 떨어져 저 멀리 유배된 객체화된 대상은 나-자아自我와 동등한 격인 타자他者의 위치로 복권되기에 이른다. 유아독존할 수 없는 세상 속 존재인 나는 언제나 타자와의 관계를 형성하며 더불어 존재한다. 세상 속 나의 위치는 절대적 중심이나 고정점에 붙박인 것이 아니며 세상 속 나와 함께 살아가는 다른 존재자들, 타자와의 관계를 통해 결정된다.

탈근대는 양분된 주체와 대상 사이에서 발생된 근본적 모순contradictio in adjecto을 해체하는 것에서 시작되었다. 그것은 내가 아닌 다른 것들을 파헤치고 장악해야 할 대상이 아닌 나와 같은 존재인 타자로 인정하는 것이며, 그 인정 속에서 발생하는 관계를 통해 나의 자리를 확인함을 의미하는 것이었다.

우리가 있는 이곳 또는 그들이 있는 그곳이 과연 중심(또는 변방)인가라는 자문으로부터 변방(또는 중심)의 이야기는 시작되어야 할 것이다. 우리가 서 있는 자리에 대한 끊임없는 자문과 확인 그리고 그들이 서 있는 자리에 대한 끊임없는 통찰과 확인을 통해서만이 우리는 길을 잃지 않을 수 있게 된다. 그렇지 않겠는가? 우리가 있는 이곳의 의미는 결국 그들이 있는 그곳과의 관계를 통해서 자리매김될 것이기 때문이다.

최북단의 경계에서

동서울에서 출발한 버스는 동쪽으로 달린다. 경기도를 지나 강원도 깊숙한 곳을 달린 버스는 인제군에서 잠시 멈춰 서는데, 인제군 남면에 들어서면서 44번 국도와 46번 국도는 잠시 만났다가 인제군 북면에 이르러 다시 갈라진다. 갈려진 44번 국도는 양양군으로 향하고 46번 국도는 고성군으로 향하는데, 어느 길을 택하더라도 구불구불한길의 연속이다. 강원도 설악의 준봉들을 피해 가장 완만한 경사를 택한 길들은 미시령, 대관령 같은 고개들을 꼴딱꼴딱 넘으며 그리도 구불거린다. 그러나 이 구불거리는 유연함으로 저 완강한 백두대간의등뼈를 흘러가듯 넘어가니 대견한 길이 아닐 수 없다. 강원도 동쪽 바다와 동쪽 마을들로 가는 길들은 이 구불거림의 연속이다.

인제시외버스터미널에서 젊은 군인 몇 명과 등이 굽은 할머니를 태운 버스는 고성으로 가기 위해 46번 국도를 잡고 올라타 멀미 나는 굴곡진 굽이굽이 길을 달려 강원도 고성군 대진시외버스터미널을 종점으로 멈춰 선다. 대진시외버스터미널은 고성군이 거느린 세 개의 시외버스터미널 중 가장 북쪽 말단에 붙어 있는 궁벽한 어촌 마을의 한갓진 끄트머리에 있다. 이 터미널은 대한민국 최북단에 위치한 시외버스터미널인데 이곳은 하루에 버스 열 몇 대가 드나드는 조용한 곳이다.

터미널은 샌드위치패널로 값싸게 만든, 몰개성의 네모난 상자로 무미하며 건조하다. 그래도 있을 것은 다 있다. 대합실도 있고 매표소도 있고 화장실도 있다. 터미널은 이 세 공간의 조합이면 족한데, 네모난 상자에 어찌저찌 공간을 구겨 넣다보니 화장실은 대합실에서 들어갈 수 없고 대합실 밖으로 나와 돌아가야 한다. 화장실이라야 변기 하나, 수도꼭지 하나가 전부다. 대합실은 텅 빈 공간에 평상 같은 넓적한 의자가 하나 있고 매표소에는 컴퓨터 없이 전화기 한 대와 수기로 매표하는 책상이 전부다. 있는 게 별로 없다. 대한민국 최북단 시외버스터미널은 몰개성하고 무미건조하며 또 불편하다.

이 터미널에 건축에 관한 무엇을 이야기할 만한 구석은 많지 않아 보인다. 그러나 이 최북단의 땅까지 대중교통이 닿는다는 것, 그것에 문득 감사한 생각이 든다. 궁벽진 곳 그리고 사람들이 많이 찾지 않는 곳까지 대중교통이 닿는다는 것은 자본의 효율성이 미치지 않는

1부 너를 통해 나를 보다

곳에서도 공공을 위한 힘이 온전히 작동하고 있음을 의미한다. 그 작동의 끝단에 샌드위치패널로 값싸게 만든 작은 터미널이 있다. 자가용이 없어도 갈 수 있는 최북단에 있는 터미널은 몰개성하고 허름하나 그 공공을 위한 힘은 아름답다.

저어 남쪽 섬 마라도가 이 나라 최남단의 국토라면, 강원도 고성군은 대한민국 최북단의 땅이다. 고성군은 서해 최북단 백령도나 중부 내륙 가장 깊숙한 곳인 경기도 연천군, 강원도 철원군보다 더 북쪽에 있다. 강원도 고성군은 북위 38°23'에서 38°48'사이에 걸쳐 있는데, 그러니까 고성군은 '38도선' 이북에 있다. 그래서 한국전쟁 전까지 이곳은 북녘 정권의 행정이 미치는 땅이었다. 이곳은 남한의 가장 북녘 땅인 동시에 북한의 동해안 남부를 깊숙이 그리고 바짝 찌르고 있는 곳이다. 그래서 고성군의 많은 것들은 '최북단'의 지위를 갖고 있다. 최북단 시외버스터미널, 최북단 항구, 최북단 횟집, 최북단 편의점, 최북단 여관, 최북단 사찰, 최북단 해수욕장 그리고 최북단 등대 등등.

'최북단'이란 수식어는 슬프다. 최북단에서부터는 그 위로 나아갈 수 없기 때문이다. 남한사람인 우리가 갈 수 없는 지구상의 유일한 곳 중 가장 삼엄한 금단의 장소는 오히려 가장 지적인 '최북단' 바로 너머에 있다. 남한 강원도 고성군과 맞닿은 북한 땅의 행정명칭은 강원도 고성군이다. 남과 북이 서로 같다. 남한 강원도 고성군이 품고 있는 산하의 정서는 그 바로 위에 붙어 있는 북한 강원도 고성군의 그것과, 그 행적구역의 명칭이 남과 북이 동일한 것처럼, 서로 같

4월의 어느 날, 일렁이는 동해의 수면 위에 새겨진 달빛은 휘황했고 찬란했다. 동해 바다를 깊숙이 그리고 훤하게 비추고 있는 달빛에 나는 숨이 턱 막혔다. 난 그제야 비로서 달'빛'이란 단어를 이해하게 되었는데 그 숨 막히는 달빛을 9층 숙소의 베란다에서 바라보며, 달이 참 밝네, 라고 중얼거리며 눈을 감았다.

은 정서일 것이 분명하다. 나는 북한 강원도 고성군의 깊은 곳에서 불어오는 바람을 남한 강원도 고성군에서 들이마시며, 그 구분할 수 없는 동일한 바람의 질감과 구분해야만 하는 최북단의 경계를 조금 서글퍼하며 어슬렁거렸다.

서글퍼도 밥 먹어야 돌아다닐 수 있다. 최북단의 시외버스터미널은 할머니 한 분이 지키고 계신다. 나는 터미널지기 할머니가, 절대 호객행위임이 아닌, 오로지 맛 때문에 추천한다는, 그러나 본인이 보내서 온 것이라고는 꼭 말해달라는 그 횟집에서 밥을 먹고 천천히 걸어서 숙소로 갔다.

달과 등대

동쪽에서 뜨는 달은 동쪽 바다를 비춘다. 동해의 깊고 먼 바다는, 그 매일을 새로 뜨는 젊고 힘찬 첫 달빛을 몸에 새긴다.

나는 인천 서해 짠물에서 나고 자랐다. 서해의 얕고 가까운 바다에 익숙한 나는 동쪽에서 발원하여 남중한 후 기신기신 서쪽으로 넘어가는 미약한 달빛에 익숙했다. 그 늙고 기진한 서쪽 달빛은 서해의 얕은 바다를 깊게 적시질 못했고, 그래서 나는 달'빛'이란 단어에 항상 의문을 품고 있었다.

4월의 어느 날, 일렁이는 동해의 수면 위에 새겨진 달빛은 휘황했고 찬란했다. 동해 바다를 깊숙이 그리고 훤하게 비추고 있는 달빛에 나는 숨이 턱 막혔다. 난 그제야 비로서 달'빛'이란 단어를 이해하게 되었는데 그 숨 막히는 달빛을 9층 숙소의 베란다에서 바라보며, 달이 참 밝네, 라고 중얼거리며 눈을 감았다.

캄캄한 밤, 등대의 섬광은 번쩍인다. 각자의 등대는 그 고유의 섬광주기 속에서 그 고유한 불빛을 토해낸다. 이 번뜩임의 규칙과 질서 안에서 망망한 대해의 배들은, 그 개별적 섬광의 등대로 말미암아 자신의 위치를 확인하며, 그 갈 길의 갈피를 잡고 나아간다. 마라도등대는 10초에 한 번 깜빡인다. 10초 1섬광. 신안 홍도등대는 20초에 세 번 깜빡인다. 20초 3섬광. 남한 최북단에 위치한 대진등대는 12초에 한 번 깜빡이는 것으로 그 자신이 둘도 없는, 오직 그 하나의 대진등대임을 증명하고 있다. 12초 1섬광.

달빛이 숨 막히는 고성 대진의 9층 숙소에는 12초마다 한 번씩 깜빡이는 불빛이 순간 스며들었고 바로 소멸했다. 난 이 '12초 1섬광'의 깜빡거림으로 내가 최북단 동해의 바닷가에서 낯선 밤을 맞이한다는 것을 잠들기 전 12초에 한 번씩 확인했다. 눈꺼풀 위로 번쩍 스며들다 바로 사라지는 불빛의 자취 속에서 난 혼곤한 잠에 빠져들었고 곧이어 아침, 나는 섬광이 사라진 멀겋고 우뚝한 등대를 보았다.

등대는 '등燈'을 밝히는 '대臺'이다. 따라서 등대 건축의 최종목적은 대에 있지 않고 등에 있다. 이 등이 내뿜는 섬광이 등대의 존재이유이기 때문에 그러하다. 그러나 대는 등을 멀리멀리 밝히기 위한 필연적 수단이다. 등대에서 등은 목적이고 대는 수단인데, 수단 없이 목적에 이를 수 없으며 목적 없는 수단은 존재의 의미가 없다. 그래칠흑의 어둠 속에서 등대의 섬광은 번쩍인다.
고립무원의 배들은 이 번쩍거림을 받아들여 그 갈 길의 갈피를 잡고 나아간다.

OTOLLO

서 둘은 하나로 등대가 된다.

등을 위해서 대는 존재하며, 대에 의지해서 등은 성립한다. 따라서 등과 대는 항상 한 덩어리로 함께하는데, 그리하여 등대의 일반적인 구성과 형태는 수단과 목적의 관계에 근거해서 이 등대, 저 등대 할 것 없이 서로 큰 차이가 없다. 길쭉한 몸통에 사방으로 창이 달린 머리통을 달고 있는 등대의 꼴과 생김은 등을 멀리멀리 밝히기 위한 필연이다. 대부분의 등대는 이렇게 촛대와 같이 세로로 기다랗다.

등대의 몸통은 육지에서 바다를 향해 부는 바람, 바다에서 육지를 향해 부는 바람 그리고 계통 없이 사방팔방 무시로 불어오는 바람을 유연히 흘려보내기 위해서 원형의 평면이거나, 원형에 가까운 다각형의 평면을 하고 있다. 이런 평면을 위로 쭉 끌어올리고 그 위에 원통형 또는 원통에 가까운 다각형의 머리통을 올려 전방위 시선확보가 가능한 공간을 만든다. 그리고 등대의 가장 위에 섬광을 쏠 수 있는 공간을 갖추면 등대는 완성된다.

대진등대는 이런 등대의 전형적인 꼴을 이루고 있다. 1973년 1월부터 불빛을 밝히기 시작한 대진등대는 팔각형 평면의 철근콘크리트 구조물로 높이는 31미터에 이른다. 등질^{等質}은 백섬광으로 12초마다 한 번 깜빡이는데 이 깜빡이는 불빛은 약 37킬로미터 떨어진 해상에서도 식별가능하다. 대진등대는 대진 한적한 바닷가 마을 작은 둔덕 위 조용히 자리하고 있다.

등대의 알음다움

등대는 깜빡깜빡 점멸한다. 등대는 인간이 바다를 경영하기 시작함과 거의 동시에 출현한 인공의 구조물이다. 오직 수평의 물결만이 전부인 망망한 바다의 배들은 등대, 이 항로표지를 의지해 기어코 다시 뭍으로 돌아온다. 그리고 배들은 다시 등대를 의지해 바다로 나아간다. 망망한 대해에 떠 있는 배들은 그 자신만으로는 자신의 위치를 설정할 수 없다. 고립무원의 배들은 등대를 통해서야 자신의 위치를 정위할 수 있게 된다.

나 아닌 다른 존재를 통해서 자신의 위치를 파악할 수밖에 없는 것이 바다 위 떠 있는 배들의 운명이다. 등대는, 근대의 지난한 모순을 통과한 후에야 비로서 자각하게 된 탈근대적 의식과는 무관하게, 아주 오래전부터 타자를 통해 나의 자리를 확인할 수밖에 없음을 상징적으로 함축하고 있었다. 그 오래전부터 등대는 인간이 결코 홀로 완전할 수 없는, 서로가 서로의 자리를 확인시키며 살아갈 수밖에 없는 존재임을 깜빡이는 불빛으로 증명하고 있었다.

기능에 의해 꼴 지워진 등대의 생김은 단출하고 밋밋하나 고립무원의 배들에게 선위船位를 알려주기에는 부족하거나 더함이 없다. 최북단의 대진등대는 현란한 수사적 기교와 장식 없는 실용성만으로도 고요한 아름다움에 이를 수 있다는 사실을 보여주고 있다. 이 아름다움은 눈과 귀를 즐겁게 해주는 무엇을 넘어, 자신의 존재를 통해 다른 이들의 자리를 확인시켜주고 또 알게 해주는 앎(아름다움, 곧

알음다음)의 가치에 있다고 해야겠다. 대진등대는 그렇게 아름다움의 힘으로 찬란하다.

대진등대 머리통 공간인 사무실 겸 전망대에서 바라본 동해바다는 깊고 멀다. 고성의 바다를 동으로 또 동으로 건너면 그 망망한 대해를 지나 처음 닿게 되는 곳은 일본 니가타현의 어느 해안가다. 1000킬로미터, 540해리의 무인지경. 이 거리 사이에는 그저 바다만 있을 뿐이다. 그래서 동해의 바다는 더욱 깊고 멀어 보이나 보다.

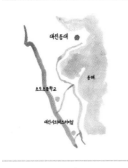

대진시외버스터미널에서 초도해수욕장 방향으로 내려가면 동해가 나오는데, 해안선을 오른쪽으로 끼고 걸어가면 대진등대에 닿을 수 있다. 둔덕 위에 하얀 등대가 보인다. 대진등대는 8각형의 몸통으로 사방팔방에서 불어오는 바람을 유연하게 흘려 보내며 자립해 있다.

1997년, 일본의 한국건축가 이타미 준은 어느 대담에서 말했다.

"제 자신이 고유성을 가지고 있다고는 생각하지 않습니다. 언젠가 누군가가 발견해줄 것이라고 생각합니다. 솔직히 말하면 현재는 고유성을 갖고 싶지 않습니다. 좀 더 깊고 좀 더 극한까지, 인습적인 것에 도전하며 창작하고 싶을 뿐입니다. 차츰차츰 변화하고 싶습니다."

이타미 준伊丹潤, 한국명 유동룡庚東龍은 1937년 도쿄에서 태어났고 2011년 도쿄에서 운명했다. 그는 평생을 한국국적으로 살았으며 이타미 준과 유동룡의 경계에서 성찰했다.

귀속되지 못하는 자, 날카로운 경계의 선 위에서

박경리의 『토지』 속에서 우리의 근대사는 유장하게 흘러간다. 25년에 걸쳐 연재된 장대한 소설은 원고지 4만 여 장 속에서 600여 명을 등장시키며 우리 질곡의 근대사를 완성해내고 있다. 긴 호흡 속에서 희로애락은 극적으로 노정되지 아니하며, 실제 있었음 직한 허구의 인물들을 통해 조용하고 섬세하게 떠오른다. 『토지』는 이 땅에 뿌리 박힌 민중의 삶이 뿌리 뽑힌 채 떠돌아야 했던 표박漂泊의 삶을 길고 긴 호흡으로 그려내고 있다. 구한말, 생존을 위해 제 나라 안을 납작 엎드린 채 포복하듯 기어야 했던 삶은 지난했고, 박박 기어도 살아낼 수 없는 삶들은 제 나라 밖으로 떠밀리듯 밀려나야 했다. 이 국외를 떠도는 삶 또한 지난할 수밖에 없었다. 『토지』 속 등장인물들이 바다 건너 일본으로 건너갈 때, 어쩌면 유동룡의 부친은 그들 속에 끼어 있는 또 한 명의 이름 없는 등장인물이었을지 모른다.

1000년 전, 태조 왕건을 보필한 유금필庚黔弼은 평산유씨平山庚氏의 시조가 되었다. 경남 거창 출신인 유동룡의 부친은 1000년 전 인물을 자신의 정체성으로 꼭 쥐고 일본으로 건너갔다. 일제 강점기 일본으로 건너간 재일교포 1세대들 그리고 유금필의 이름 없는 33대손은 식민지국의 열등국민으로 모진 고통을 감내하며 살아야 했다. 그리고 유동룡은 1937년 도쿄에서 태어났다. 심한 차별과 모진 학대 속에서 성장한 재일교포 2세대들, 그리고 유금필의 34대손 유동룡에게 정체성에 대한 고민은 숙명처럼 따라다녔다. 그는 '이방인'이었으

1부 너를 통해 나를 보다

며, '일본에서는 조센징으로, 한국에서는 일본인'일 수밖에 없었다고 술회했다. 그는 대학을 졸업할 때까지 한국이름 유동룡으로 살았으며 조국에 대한 상념 속에서 고뇌했다.

유동룡은 1964년 무사시 공업대학 건축과를 졸업하고 1968년 자신의 설계사무실을 개소했다. 이때 그는 '이타미 준'이란 예명이자 필명을 작명한다. 오사카국제공항은 대부분 효고현 이타미시에 놓여 있어서 이타미공항이고도 불리는데, 그의 예명 또는 필명 '이타미'는 공항이름에서 빌려온 것이다. 그에게 있어 '이타미'란 작명은 머무르지 못하고 항상 떠남을 예비해야만 하는 이방인의 은유였을지 모른다.

그는 온전한 한국건축가일 수 없었고 법적인 일본건축가일 수 없었다. 이 날카로운 경계의 선 위에서 그는 늘 자신의 위치와 그가 만들어나갈 건축의 자리를 더듬었다.

귀속하지 아니하는 자, 중심의 관성 밖에서

거울을 보는 이유는 무엇인가? 거울에 비친 상을 보기 위함인데, 그래서 내가 거울을 보는 이유는 거울에 비친 나를 보기 위해서다. 라캉이 말하는 거울단계에서 데카르트가 정초한 코기토, 즉 '생각하는 내가 존재하는 나'라는 근대적 주체 개념은 부정된다. 진정한 나를 알기 위해서는 '나'에게서 일정한 거리를 두고 객관적 시선으로 타자로써의 나를 응시해야 한다. 구조주의와 언어학 그리고 라캉을 거치며 주체를 인식하는 틀은 근본적으로 바뀌기 시작했다.

'나'란 존재에 대한 고민 그리고 정체성에 대한 숙명적인 고뇌 속에서 성찰한 이타미 준에게 코기토란 처음부터 성립 불가능한 개념이었을 것이다. 그래서 그는 끊임없이 자기를 비춰볼 거울을 찾아야만 했다. 이타미 준은 그 거울을 통해서 자기 자신을 들여다보려했으며 그 거울에 비친 여러 상(타자)들을 조합해 나가며 자신이 만들어 나갈 건축의 방향을 모색하려 했다.

1960년대 중후반의 일본 건축계는 일본 경제 활황을 맞아 일대 도약의 기회를 마련했다. 일찍이 서구 근대건축의 거장 프랭크 로이드 라이트와 브루노 타우트는 일본에 그들의 작품과 저작을 발표했고, 1959년 르 코르뷔지에는 도쿄 도심 한복판 우에노에 국립서양미술관을 설계했다. 르 코르뷔지에에게 사사한 마에카와 구니오前川國男는 스승의 건축을 마주 보는 곳에 스승의 어법으로 도쿄문화회관을 설계했으며, 단게 겐조丹下健三를 중심으로 하는 메타볼리즘 그룹은 국제 건축계에 일본 건축을 깊숙이 진입시키기 시작했다. 이후 마키 후미히코槙文彦, 이소자키 아라타磯崎新, 구로카와 기쇼黒川紀章로 이어지는 일본 건축계는 서양 대 동양이란 의도적인 대립구도 그리고 오리엔탈리즘적 열등의식에서 서서히 벗어나기 시작하며 그 스스로 국제 건축계에 스며들기 시작했다.

이타미 준의 건축은 이 시기에 시작되었다. 그러나 그와 그의 건축은 일본 건축계의 '중심'으로 편입될 수 없었다. 모더니즘과 포스트모더니즘 그리고 새로운 건축 언어들의 혼재 속에서 거대담론으로 소용돌이치는 일본 건축계에 한국국적의 이방인이 개입할 수 있는 여지는 많지 않았을 것이다. 더불어 이방인이란 태생적 고민을 안고 있었던 이타미 준에게는 이 중심적 관성에 스스로 편입될 의지 또한 많지 않았던 것으로 보인다.

이타미 준에게는, 그의 부친이 그러했던 것과는 달리, 1000년 전 인물을 자신의 정체성으로 기초하는 것은 아득하고 또 모호한 일이었을 것이다. 그는 그를 비춰줄 보다 구체적인 거울 이미지를 찾아 나섰다. 그래서 일본 속 한국국적의 이타미 준은 조선의 초가, 민화, 가구, 골동품 그리고 한국 산하의 정서에 대해 편집증적으로 집착하였고, "사물 본래의 입장에 서서 자연을 한없이 동화시키는" 모노파物派와 의식을 공유하였으며, 서구 모더니즘에 대한 강박장애에 시달리고 있는 일본 건축계와 불화하며 시대정신에 대한 비판적 사고와 생생한 만들기를 아울렀던 일본 건축계의 이단아 시라이 세이치白井晟一와 깊은 교류를 이어갔다.

이타미 준의 건축은 교조적 모더니즘의 관성이나 들불처럼 일었던 포스트모더니즘 그리고 풍요로운 관념과는 달리 실체는 허약하고 빈약한 현대건축의 궤적에서 비켜서 있는데, 이는 중심의 관성 밖에서 고뇌한 이방인 또는 경계인 이타미 준의 건축이 어떠한 모습으로 전개될지를 짐작할 수 있는 단초를 제공하고 있다.

이타미 준은 일본 건축계에서뿐만 아니라 한국 건축계에서도 이방인이었다. 그는 '일본에서는 조센징으로, 한국에서는 일본인'일 수밖에 없었던, 어디에도 속할 수 없는 소외된 건축가였다. 그러나 그는 양국의 배타적 분위기와는 달리 국제적으로는 (한국의 어느 건축가도 받아본 적 없는) 극진한 환대를 받는 건축가였다. 프랑스 기메미술관에서 건축가 최초의 개인전(2003)을 열었으며, 독일 아이데스갤러리에서의 개인전(2004)을 가졌고 프랑스 문화예술공로훈장 슈발리에를 수훈(2005)하였다. 그리고 2006년 김수근문화상을 수상하였으며 말년인 2010년 일본 최고 권위의 건축상인 무라노 도고 상을 수상하였다. 한국 그리고 일본에서의 상대적으로 뒤늦은 수상(또는 인정)은 한국과 일본 양국에 걸쳐 있지만 어느 곳에서도 힘겨울 수밖에 없었던 그의 자리를 환기시키는 듯하다.

'일본의 한국건축가'는 2003년 프랑스 기메미술관에서 열렸던 이타미 준 개인전의 타이틀이었다. 이타미 준의 태생적 정체성과 완성도 높은 건축 사이에서 한국과 일본 양국이 보여주었던 앰비밸런스 ambivalence와는 다르게 제3자 또는 제3의 나라에서 바라보는 이타미 준의 정체성은 비교적 단순하고 명확했다.

노아의 방주, 방주의 교회

이타미 준은 고희를 넘긴 나이에 제주에서 청년같이 정열적으로 일했는데, 이 시기 그의 건축은 원숙함의 절정에 이른 듯하다. 이타미 준의 건축은, 밀도 높은 도시 속보다는, 제주 무인지경의 벌판 위에서

이타미 준은 말했다.
"좀 더 깊고 좀 더 극한까지, 인습적인 것에 도전하며 창작하고 싶을 뿐입니다."

더욱 찬란해 보인다. 그는 억새로 뒤덮인 제주 중산간의 허허로운 벌판 위에, 그림 같은 오브제로 자유로운 서정의 건축을 완성했다.

서귀포시 안덕면 산허리에 방주교회가 있다. 이 교회는 비늘로 반짝이며 잔잔한 수면 위에 떠 있는데, 교회 덩어리와 그 놓인 자리가 통째로 구약 창세기의 알레고리를 구성하며, 교회를 찾는 이들에게 재앙과 구원 이야기의 서사를 시적으로 펼쳐 보이고 있다.

구약 창세기에 따르면 에덴동산에서 추방된 아담과 이브의 후손들은 순조롭게 늘어갔다. 늘어나는 인간들과 더불어 악행도 늘어나자 신은 괴로워했다. 그래서 절대적 존재 여호와는 큰 비를 내려 인간의 종자를 쓸어내려 했다. 다만 신은 순종적 인간인 노아와 그의 세 아들들만은 구원하였으며, 그들을 통해 땅과 하늘의 동물들 암수 한 쌍씩을 함께 구원했다. 신은 노아에게 방주를 만들 것을 일러주었고 그 방주를 통해 대홍수 속의 그들은 구원받을 수 있었다. 물이 빠지고 방주는 아라라트산에 멈추었고 그들은 방주에서 나와 땅 위에 다시 눌러 살며 번성했다.

이타미 준은 제주 중산간의 어느 산중턱에서 아라라트산을 떠올렸던가. 그는 억새로 뒤덮인 무인지경의 벌판 위에 방주교회를 설계했다. 이역만리 아라라트산 중턱에 신기루처럼 걸쳐 있는 방주의 전설을, 이타미 준은 한라산 중턱 한 곳에 방주의 은유로 현현시켰다.

이타미 준이 건축주로부터 교회 설계의 전권을 위임받았을 때, 그는 외로움과 평화로움으로 뒤덮인 제주의 중산간에 구원의 공간을 구상했음이 분명해 보인다. 그래서 아라라트산 중턱은 한라산 중턱

이 되었고, 네모난 바닥의 배^{방주方舟}는 네모난 평면의 교회가 되었을 것이다.

방주교회는 나무와 유리로 벽을 만들고 삼각 금속조각들을 촘촘히 이어 붙여 지붕을 만들었다. 푸르른 날 교회의 지붕은 반짝인다. 네모난 나무 몸체와 뾰족 지붕으로 구성된 절제된 단순한 형태는 제주 중산간의 억새 벌판 위에서 목가적인 풍경을 이루는데, 교회를 둘러싸고 있는 잔잔한 연못은 방주의 은유 즉, 물 위에 떠 있는 구원의 상징을 완성하고 있다.

밖에서 본 교회의 단순한 덩어리에는 하나의 파격이 있다. 교회는 몸체의 중간부터 강대상이 있는 앞쪽까지 사선을 형성하며 들어 올려져 있다. 인간의 눈은 투시에 의해 소실점을 형성하는데, 가까이 있으면 더 커 보이고 멀리 있으면 더 작아 보인다. 방주교회의 예배당 공간은 신자석 입구에서 강대상 쪽으로 높아진다. 투시에 의한 소실점이 의도적으로 왜곡된다. 신자석에서 강대상 사이의 거리는 착시에 의해 실제보다 더 가깝게 지각된다. 단순한 형태의 방주교회에서 보이는 하나의 파격은 조형을 위한 파격이라기보다 구원을 향한 회구라 해야 할 것이다. 방주교회는 경계의 긴장에서 치열하게 고뇌한 한 건축가에 의해서 구원의 공간으로 완성되었다.

이타미 준은 관념적 건축담론보다 생생한 만들기에 집중했던 건축가였다. 그의 건축은 이성적 분별력에 앞서 감성적 감관을 건드린다. 그의 말대로, 그가 원한 대로, 그의 건축은 '야성미와 따스함'으로 완성되어 그 앞에 선 이들 또 그 안에 선 이들의 가슴을 두드리고

방주교회는 말년 이타미 준의 농밀한 건축정신이 만들어낸 걸작 중 하나이다. 방주교회는 바람 부는 중
산간 무인지경의 벌판 위에 서 있다.

있다. 방주교회는 말년 이타미 준의 농밀한 건축정신이 만들어낸 걸작 중 하나이다. 방주교회는 바람 부는 중산간 무인지경의 벌판 위에 서 있다.

결結, 거울을 보며

이타미 준은 자기 자신을 온전한 주체로 만들어줄 수 있는 거울을 발견하는 데 성공했던가? 이 성공 여부에 대한 대답은 오직 그만이 할 수 있을 듯한데, 이미 그는 망자의 백골이 되어 부친의 고향인 거창과 그의 마음 속 고향인 제주에 반반씩 뿌려져 대답을 들을 길은 없어졌다.

그런데 어쩌면 그는, 일본의 한국건축가이며 이방인이었던 그는, 한국의 건축과 '모던 코리아'를 객관적 시선으로 심도 있게 응시한 첫 번째 한국건축가였을지 모른다. 그의 건축이 한국건축의 이름으로 세계에 회자되었던 이유는 아마 거기에 있을 것이다. 이타미 준의 건축은 이 지점에서 우리에게 뒤돌아보라, 뒤돌아보라 하고 있다.

방주교회는 제주 중산간 한복판에 있다. 940번 화순순환버스가 그곳까지 닿는 대중교통이다. 상천리정류장에서 내려서 몇백 미터를 걸어가면 비늘이 반짝이는 방주교회에 도착하게 된다. 억새 벌판 위에 있다.

변방 건축가의
직선과 곡선

최빈국의 이름 없는 청년 건축가

1952년 9월 22일. 전쟁의 난리 속에서 서른한 살의 한 청년이 비행기에 올랐다. 목적지는 이태리의 베니스. 그곳에서는 유네스코가 주관하는 제1회 국제예술가회의가 개최될 예정이었다. 청년과 일행들은 이 회의에 참석해야 했다. 부산 수영비행장에서 출발한 프로펠러 비행기는 일본 이와구치, 하네다를 시작으로 홍콩, 방콕, 캘커타, 카라치, 카이로, 아테네, 로마를 거쳐 부산 출발 사흘 만에야 목적지인 베니스에 도착할 수 있었다. 이 서른한 살의 청년은 건축가 김중업이었는데, 그는 당시 세계 건축계를 뒤흔들고 있었던 건축가 르 코르뷔지에를 그곳에서 만날 수 있었다. 그는 르 코르뷔지에에게 매달리듯 구애했고 결국 프랑스에 있는 코르뷔지에의 사무실에서 일할 수 있었다.

김중업은 1922년 평양에서 태어나서 그곳에서 유년시절을 보냈다. 그는 열여덟 살에 일본으로 건너가 요코하마고등공업학교에서 건축을 공부했으며, 졸업 후에는 귀국하여 몇몇 사무실을 옮겨 다니다가 피난지 부산에 임시로 꾸려진 서울대학교 건축학과에서 학생들을 가르쳤다. 그리고 1952년, 그는 시인 김소운金素雲, 소설가 김말봉金末峰, 극작가 오영진吳泳鎭, 조각가 윤효중尹孝重 등과 함께 국제예술가회의의 한국 대표로 선출되어 이태리 베니스로 향했다.

김중업의 젊은 시절은 식민치하의 울분과 전쟁의 암울 속에서 진행된 암중모색의 연속이었다. 그는 자신의 천부적인 예술가적 기질과 포탄에 초토화되고 있는 조국 사이에서 갈 길을 찾지 못해 고뇌했다. 전쟁이 극에 달하던 1952년의 난리 속에서, 그는 부양할 가족들을 남겨두고 일생의 도박을 감행했다.

김중업은 3년 가까이 코르뷔지에의 사무실에서 일하면서 서구 유럽의 '선구적' 건축가들이 세계 각처에 뿌리고 있는 근대건축의 혁명적 사건들을 몸소 경험할 수 있었다. 김중업이 르 코르뷔지에와 조우한 것 그리고 그의 사무실에서 일을 하며 서구의 고전과 근대건축을 직접 체험할 수 있었던 사실은 이 나라 건축계의 이정표와도 같은 '사건'이었음이 분명했다. 극동 변방의 최빈국, 국제 건축계에서는 존재감 전무하던 변방 무명의 청년 건축가는 세계의 '중심'에서 벌어지고 있는 격변의 현장 속에 자신의 손과 머리를 함께 섞어가며 그 격변의 내용을 직접 체험하고 또 체화할 수 있었다.

구한말 식민의 땅 조선에는 ('architecture'를 번역할 수 있는 용어) '건축'이라는 단어가 없었다. 전통과 근대란 격절의 간극 속에서, 이 땅에는 서구의 '아키텍춰architecture'가 일본판 '겐치쿠建築'가 되어 들어왔다. 한국의 근대건축이란, '탈아입구'와 '화혼양재'의 콤플렉스가 뒤범벅 된 일본판 아류의 아류였다. 그러나 김중업을 통해 극동 변방의 최빈국은 비교적 온전한 의미의 서구적 근대건축을 직접 받아들일 기회를 갖게 되었다.

김중업의 유럽 체류 시절, 그는 언어 소통의 어려움과 도면 작도 방식 등의 차이로 사무실의 그 누구보다도 많은 도면을 그려야 했고 무수한 밤을 지새워야 했다. 그는 그 짬짬이 유럽의 각국을 여행하며 서구 고전 건축에 대한 이해도를 높여가며 근대건축 격변의 현장들 또한 섭렵할 수 있었다.

그는 그 여행의 기록을 수첩으로 남겼는데, 그 남겨진 수첩에는 서구 고전 건축의 명작들과 오래된 중세의 도시들 그리고 지역성 강한 북유럽의 건축물들과 가우디의 곡선으로 가득한 환상의 건축물들로 채워져 있다. 그는 코르뷔지에의 건축 안에 머무르지 않고 여기와 저기를 돌아다니며 이런 건축과 저런 건축을 두루두루 살펴보았다. 김중업의 건축이 다만 코르뷔지에의 아류나 근대건축의 교조성 안에 감금되지 않을 수 있었던 바탕에는 관성에 투신하지 못하는, 기성의 많은 것들과 불화할 수밖에 없는 그의 전위적 기질이 놓여 있었다.

설명될 수 있는 직선과 설명될 수 없는 곡선

오래전 그리스인 유클리드는 기하학의 기본적인 원꼴을 완성했고 그 완성은 기하원본幾何原本으로 세상에 남겨졌다. 세상에 존재하는 것들을 가지런히 정리하는 것 그래서 그 정리를 바탕으로 세상에 존재하는 것들을 인간 인식의 틀 안에 자리매김시키는 것 그래서 그 인식을 바탕으로 인류 삶의 지평을 넓혀가는 것, 유클리드의 기하학은 이 토대 위에서 기획되었고 또 완성되었다.

유클리드의 기하학은 설명될 수 있는 것들을 추려내면서, 설명될 수 없는 것들을 기하학의 영역 밖으로 밀어냈다. 기하학의 세상에서는 설명될 수 있는 직선(과 일부 곡선들, 즉 원과 타원, 포물선 등)의 공리들은 세상을 개조하는 도구들로 적극 사용되었으며, 설명될 수 없는 구불거리는 선들과 굽은 곡면들은 배제되었다. 직선은 인간의 편에서 세상 개조를 향한 열망의 총아가 되었으며, 자연의 구불거리는 선들은 신의 영역에 남겨진 채 설명될 수 없는 '비논리'의 자리에 위치하게 되었다.

삼각형과 사각형과 무수한 다각형들 그리고 원과 타원과 포물선 등 인간이 기하학적 질서를 부여할 수 있는 각각의 형태들은 건축의 이차원적 평면과 입면, 삼차원적 단면과 공간 등에 고루고루 복무했다. 서구 고전 건축의 유클리드적 기하 질서는 르네상스 건축에서 찬연히 부활하였고 신고전주의는 다시 한 번 엄정한 기하학적 건축 질서를 완성했다. 이후 모더니즘의 건축은 전통과 과거의 중압을 벗어버리고 장식과 여하한의 '비논리'를 모두 털어내면서 보다 선명하게 데카르트 좌표계에 포섭될 수 있는 직선들의 세상을 완성시켰다. 그 절정의 중심에는 르 코르뷔지에를 비롯한 근대의 거장들이 있었다.

근대의 여명기에 빚어진 가우디의 건축은 이 유클리드의 공리들로 가득한 기하학적 '질서'의 거부 위에서 완성되었다. 그는 "직선은 인간에게 속하고 곡선은 신에게 속한다"라고 말하면서 그 신에게 속한 비정형의 곡선들을 인간세상으로 끌어당겼다. 가우디는 신고전주의의 엄정한 형태미와 근대건축의 기능적 직선이 지배하는 그 시간과 공간의 사이에서 고군분투하며, '인간 중심적 사고'의 비인간성과 '기능적'인 직선들의 불합리에 대항하며 비유클리드적인 예언가적 건축을 남길 수 있었다.

김중업이 남긴 직선과 곡선의 집들

건축가 김중업은 3년간의 프랑스 생활을 마무리하고 금의환향했다. 이후 그는 정력적으로 활동하며 프랑스대사관, 제주대학교본관, 서산부인과 같은 시대의 대작들을 남겼다. 그는 코르뷔지에와 가우디, 직선과 곡선, 이성과 감성, 기능과 반기능 그리고 유클리드와 비유클리드의 경계를 무시로 넘나들며 근대건축의 처녀지에 새로운 건축의 여명을, 비로서 밝혔다.

1959년 귀국 얼마 후, 김중업은 경기도 안양에 한 민간업체의 사

소라의 성은 여하한의 '비논리'적 곡선들을
온몸으로 끌어안으며 절벽 위의 그림 같은
풍경을 완성해냈다.

무실을 설계했다. 유유산업 사무실(현 '김중업박물관', 2014년 리모델링 후 개관)은 2층으로 된 네모반듯한 건물이다. 이 건물은 상부에서 돌출되어 노출된 보와 기둥에 의해 건물 전체의 하중이 지지되는데 구조의 꼴이 곧 건축의 꼴이 된다. 단순한 상자갑으로 종결되었을 뻔한 이 건축물은 이 노출된 보와 기둥을 통해 근대건축의 구조미를 보여주고 있다.

보와 기둥의 라멘구조 속에서 벽은 이제 하중의 억압에서 벗어난다. 이 벽은 내력벽, 힘을 버텨내야 하는 벽이 아니다. 유유산업 사무실의 모든 하중은 보와 기둥을 타고 땅으로 흘러들어가 사라진다. 노출된 보와 기둥을 마주하고 있는 벽은 이제 완전한 자유를 얻은 것이다. 이 벽면은 힘을 버텨낼 필요가 없는 가벼운 유리들로 가득 채워졌다. 유유산업 사무실은 세상 개조의 열망에 찬 완강한 직선들을 가지런히 세워가며 밝고 가벼운 근대적 건축 풍경을 이루고 있다.

제주 서귀포 한적한 바닷가 절벽 위에 2층집 소라의 성이 있다. 이 건물의 설계자에 대한 공식적인 기록은 남아 있지 않은데, 집의 형태와 완성도 등으로 보았을 때 그 설계자가 김중업이라는 데는 이견이 없는 듯하다. 다만 이 집을 지을 당시의 용도에 관해서는 의견이 갈리는데 관광전망대라는 설과 박정희 대통령 경호관들의 숙소였다는 설이 그것이다. 그러나 박정희 정권의 도시계획정책(광주대단지 이주정책)에 대한 공개 비판으로 필화를 입고 국외를 떠돌아야 했던 김중업을 생각해 보면 후자보다는 전자의 설이 더 설득력 있어 보인다. 1968년 지어진 이 건축물은 관광전망대에서 식당으로, 다시 식당에서 제주올레 사무국으로 용도가 변경되어 오늘에 이르고 있다.

소라의 성은 가우디에게 바치는 김중업의 오마주hommage였던가? 이 건물의 모든 몸통은 곡선으로 굽이치는데 가우디의 카사 바트요Casa Batlló와 카사 밀라Casa Milá의 이미지가 포개지고, 2층 돌출부를 받치고 있는 기둥들의 열주 공간은 구엘 공원Parc Güell의 그것을 연상시킨다. 여기에 김중업의 탁월한 조형감각과 공간연출이 덧붙여지며 소라의 성은 드라마틱한 '카사 카라콜라Casa Caracola, 소라의 집'로 완성된다. 소라의 성은 여하한의 '비논리'적 곡선들을 온몸으로 끌어안으며 절벽 위의 그림 같은 풍경을 완성해냈다.

김중업은 직선과 곡선 사이를 무시로 오고 갔다. 유유산업 사무실의 직선과 소라의 성의 곡선은, 그가 다만 한 곳만을 보지 않았으며, 여기서 저기를 보고 저기서 여기를 보았음을 보여준다.

청년 김중업은 불운과 비운의 시대와 불화하며 세계 건축의 중심으로 진입하여 그 중심을 받아들였고, 다시 세계 건축의 변방으로 돌아와서 변방화된 중심을 펼쳐 보였다. 장년의 김중업은 군사정권의 몽매한 무식과 불화하고 국외를 떠돌며 그의 정신과 건축을 단련시켰고, 다시 그 있을 자리로 돌아와 더욱 성숙해진 건축을 펼쳐 보였다. 김중업은 항상 장력으로 팽팽한 현악기의 줄처럼, 그 긴장의 힘으로 울어내듯 전위적 건축을 펼쳐 보였다.

김중업은 중심의 관성 속에서 뒤돌아보지 않는 질주를 하지 않았으며, 항상 경계에 서서 여기와 저기를 넘나드는 창작열과 예술혼으로 한국 근대건축의 이정표가 되었다. 그는 중심과 변방의 경계를 무한히 철썩이는 파도는 끝임없이 절벽 밑단을 침식시키고 있다.
위태로운 절벽 위에 소라의 성이 있다.

OTOLLO

무시로 넘나들며, 그 월경越境의 힘으로 중심과 변방을 한꺼번에 엮어 나간 우리 건축계의 전위에 선 선구자였다. 그 자리는, 둘이 아닌, 오 직 김중업만의 자리라고 할 만하다.

소라의 성(현 '제주올레' 사무국)은 제주올레길 6코스에 있다. 서귀포 남쪽 해안 소정방폭포 옆에 있다. 해안침식으로 위태로운 절벽 위에 소라의 성은 자리하고 있다.

"……여기는 유럽이 아니야, 우리는 포르투갈에 있어.……"[1]

이베리아 반도의 모서리, 유럽의 변방

중심의 알짜에서 밀려난 가장자리의 삶은 결핍으로 힘겨운데, 그 힘

---

1 『페레이라가 주장하다』, 안토니오 타부키, 문학동네. 안토니오 타부키는 그의 소설 『페레이라가 주장하다』에서 1938년 살라자르(António de Oliveira Salazar) 독재정권이 지배하는 포르투갈의 상황을 그리고 있다. 소설 속 포르투갈인 주인공 페레이라와 그의 친구 실바의 대화는, 포르투갈인들 스스로 그들의 조국 포르투갈이 유럽 중심의 일부가 아닌 유럽 주변의 변방이라는 생각을 갖고 있음을 보여준다.

겨운 삶은 절치부심하며 다시 불끈거리는 생의 의지로 타오른다. 그 찬란한 생의 의지는 격변과 격동을 엮어내며 가장자리를 중심자리와 도치한다. 영원한 중심도 없으며 영원한 변방도 없음을, 우리는 인류의 역사를 통해 알고 있다.

유럽과 아시아는 서로 붙어 거대한 유라시아 대륙을 완성한다. 이 거대한 대륙의 아시아 쪽 끄트머리에 작은 반도 한국이 달려 있고 유럽 쪽 끝단 이베리아반도 모서리에 포르투갈이 붙어 있다. 이 두 가장자리의 역사는 대부분 지난하고 힘겨웠으며 격변과 격동으로 휘청였고 반복되는 부침으로 출렁였다.

모서리에 붙어 있는 두 나라는 각각 1987년 '6월 항쟁'과 1974년 '카네이션 혁명'[2]을 통해서야 독재의 신음에서 벗어나, 일반 대중이 정치와 문화 그리고 경제 등의 사회 모든 면에서 진정한 주체가 되는 근대적 시민사회를 맞이할 수 있게 되었다.

에스파냐와 이슬람에 눌려 지내던 포르투갈은 15세기 눈부신 대항해시대의 주체로 부상한다. 포르투갈은 지중해 세계에 갇힌 유럽을 온 세계로 진출시키는 전위에 서며 대제국으로 발돋움한다. 그러나 화무십일홍이런가. 이웃나라들의 발흥과 함께 강성했던 대제국은 쪼그라들기 시작한다. 식민지에서 쥐어짜낸 노다지의 부귀영화는 연기처럼 사라지고 포르투갈은 이베리아반도의 가장자리에서 간

---

2 1974년 4월 25일 발생한 포르투갈의 무혈 쿠데타로, 40년 이상 계속된 살라자르 독재정권에 대한 반발감으로 좌파 청년 장교들이 주도해 발생. 당시 시민들이 카네이션을 던지며 환영했다고 해 '카네이션 혁명' 또는 '리스본의 봄'이라 부름

신히 연명하며 독재 아래서 신음한다. 그러나 청년 장교들이 주도한 74년 카네이션 혁명은 독재를 무너뜨리고 포르투갈을 민중과 민주주의가 중심이 된 근대국가로 완성시킨다. 대제국의 찬란한 부활은 없었으나, 이제 포르투갈은 격변과 격동의 수 세기를 마무리하고 이베리아반도의 모서리에 고요히 놓이게 되었다.

근대 즈음, 유럽의 변방 포르투갈은 유럽 한복판에서 벌어지고 있는 여러 혁명적 사건들과 격절의 거리에 놓여 있었다. 중심 한복판의 그곳에서는 르 코르뷔지에나 미스 반 데어 로에와 같은 서유럽의 건축거장들이 모더니즘 건축의 혁명적 선언과 작품들을 이어나가고 있었다. 거장들의 사상과 건축물들은 온 유럽대륙을 물들였고 바다 건너 미국과 일본으로 퍼져나갔다. 그러나 오히려 지척의 포르투갈은 격동하는 유럽 중심의 모더니즘 건축에서 한발 벗어나 있었으며 그 전파의 속도는 더디고 또 느렸다. 포르투갈의 독재정권은, 대부분의 독재 권력이 그러하듯, 보수적이고 반동적이었다. 그들은 과거의 화려했던 제국주의의 향수와 전통에 문화적 기반을 두고자 했으며, 이를 통해 권력의 정통성과 정당성을 마련하고자 했다. 이것은 그들 독재정권이 문화적 헤게모니를 획득할 수 있는 가장 손쉬운 방법이었다.[3] 그런 그들에게 서유럽 한복판에서 한창 벌어지고 있는 전통

---

3 전통과 정통은 서로 별개이나, 전통을 통해 정권의 정통성을 확보하려는 독재 권력의 행태는 포르투갈이나 우리의 역사나 다름없이 꼭 같다. 쿠데타로 집권한 박정희 정권은 당시 모더니즘에 입각한 김수근의 국회의사당 설계안을 폐기했으며, 집권 기간 내내 수많은 전통 건축 성역화 작업에 몰입했는데 불국사와 석굴암 등이 그러한 대표적 사업이다. 그리고 또한 쉽게 복제하

에 대한 회의와 의심은 그들의 존립기반에 대한 심각한 위협이었음이 분명했다.

그러나 변화와 혁명의 기운은 기어이 퍼지고 또 퍼진다. 포르투갈 근대건축의 가장 중요한 인물이었던 페르난두 타보라Fernando Távora, 1923~2005는 모더니즘 사상의 정수를 포르투갈에 들어오려 노력했으며 포르투갈의 건축을 유럽 중심에 소개하기 위해 동분서주했다. 동시에 그는 근대건축 또는 국제주의양식 건축의 무조건적인 수용에 앞서 포르투갈 고유의 건축에 대한 실증적인 조사와 기록[4]에 힘썼다. 이는 포르투갈 근현대건축의 정체성과 주체성 확립에 무시할 수 없는 기여를 한 것이 분명해 보인다. 이 지점, 즉 모더니즘이란 도도한 주류의 물결에 온통 몸을 내맡기는 것이 아닌, 포르투갈만이 갖고 있는 지역성과 정체성을 기반으로 모더니즘을 수용하는 것에서 '포르투 학파'는 시작되었다. 이는 변방에 놓인 포르투갈 근현대건축이 세계 건축계에 그들만의 독특한 위치를 점할 수 있는 바탕이 되었다.

그 '포르투 학파' 한가운데에 건축가 알바로 시자Alvaro Joaquim de Melo Siza

기 쉬운 전통 건축의 형태적 요소에 천착하여 무수히 많은 기와지붕을 얹은 박물관과 기념관 등을 국토 여기저기에 세워놓았다.

4 "1955년에서 1960년 사이 국립건축가조합(Sindicato Nacional dos Arquitectos)에서 주도한 포르투갈 지방건축조사(Inquerito a Arquitectura Regional Portuguesa)의 결과물로서 여섯 팀이 전국을 여섯 개 지역으로 나누어 실측했다. 첫 번째 지역인 포르투갈 북부, 미류(Minho)에는 페르난두 타보라, 루이스 피멘텔(Ruis Pimentel), 안투니우 메네레스(Antonio Meneres)가 참여했다. 당시 국제주의 건축의 비판에 직면해서 국지적인 지리 조건에 맞는 해결책을 찾고자 했던 이런 시도는 스페인과 이탈리아에도 전파되었고 포르투 건축학교를 통해 타보라, 시자, 모라로 이어지는 포르투갈 현대건축의 한 특징을 이루게 된다." 『알바루 시자와의 대화』, 옮긴이주, 도미니크 마샤베르 & 로랑 보두앙, 동녘, p.399

Vieira, 1933~현재가 있다. 그는 페르난두 타보라의 제자이며 함께 작업한 동료이기도 했다. 1992년 프리츠커상을, 2002년 베니스 비엔날레 황금사자상을 수상한 알바로 시자는 모더니즘의 합리성과 포르투갈 고유의 서정을 엮어내며 시적 울림으로 공명하는 건축물들을 완성해왔다.

기지개를 켜고 하품하는 고양이

알바로 시자는 2006년 파주출판도시에 미메시스 아트 뮤지엄(이하 '뮤지엄' 또는 '미메시스 뮤지엄')을 설계했다. 비교적 작은 규모의 뮤지엄은 2009년이 되어서야 그 모습을 드러냈다. 미메시스 뮤지엄은 단순한 몇 개의 직선과 곡선으로 이루어져 있는데, 이 뮤지엄의 전체 인상을 지배하고 있는 것은 움푹 파인 사이 공간을 만들어내는 굽이치는 곡선이다. 고양이의 유연한 골격을 연상시키는 뮤지엄의 곡선은 고요하나 요염한 외부 볼륨을 만들어내며, 동시에 시적 울림으로 가득한 내부 공간을 가능하게 하고 있다.

긴 세월 알바로 시자와 함께 작업해온 건축가 카스테녜이라는 말한다. "미메시스는 고양이다. 잔뜩 웅크려 있으면서 동시에 열려 있는, 기지개를 켜고 하품하는 고양이. 여기에는 고양이의 모든 것이 담겨 있다. 보면 볼수록 그 면모가 드러난다." 유라시아 대륙 서쪽 끝에 살고 있는 거장이 수십 년 갈고 닦은 일필휘지의 곡선은 유라시아 대륙 동쪽 끝에서 절정에 이르렀다.

이 뮤지엄은 시적 정서 가득한 곡선의 우아한 양감으로 대지를 가득 메우고 있으며 자연광으로
조절되는 탁월한 전시관 내부를 완성하고 있다.

미메시스 뮤지엄은 많은 건축적 제스처들이 넘쳐나는 파주출판단지에서 단순한 형태로, 마치 잔뜩 웅크린 고양이처럼, 유연한 곡선과 직선 몇 개로 자리하고 있다. 이 뮤지엄에서 한국성 또는 지역성 또는 장소성 등과 같은 한국 또는 지역적 특수성에 관한 무엇을 발견할 수 없다. 유라시아 대륙 서쪽 끝에서 나고 자란, 유럽적 정서와 사고에 입각하여 느끼고 생각하는 건축가가 유라시아 대륙 동쪽 끝의 문화와 정서에 공명하는 건축물을 설계할 수는 없을 것이다. 더군다나 이 땅의 건축계 그리고 건축가들조차 '한국성'이란 광막한 바다 위에 표류하며 아직 그들의 위치를 정위하고 있지 못한 상황임을 고려했을 때, 유럽의 건축가에게서 한국적 무엇 또는 지역적 특수성을 기대하는 것은 어불성설이며 성립 불가능한 말일 수밖에 없다. 우리 또한 아직 정확히 알지 못하는 우리 것을 남에게 요청할 수는 없는 노릇 아닌가?

또한 이 뮤지엄을 도시적 맥락이란 측면에서 파악하는 일도 지난하다. 한강 옆자리 논과 밭이었던 허허로운 빈 땅 파주출판단지는 그야말로 타불라 라사의 완벽한 빈 땅이었기 때문이다. 더군다나 이 빈 땅을 이제 가득 채우고 있는 유명 건축가들의 다양한 건축적 어휘들 속에서 일관된 '맥락context'을 짚어내는 일이 나에게는 불가능한 일처럼 느껴지는데, 그 속에서 미메시스 뮤지엄을 줄 세우는 것 또한 불가능해 보인다.

그리하여 파주출판도시 속의 미메시스 뮤지엄을 평가하는 길은 알바로 시자의 언설에 기대야 할 것이다. 그는 "건축가는 무언가를 발명하는 것이 아니라, 현실을 변형한다"라고 말했다. 이 말은 무엇을 의미하는가? "현실을 변형한다는 것은 주어진 것의 재구성이요 재배열로서, 재현renewed이면서 재생recycle인데, 그래서 새로움을 다시금 일으켜 세우는 작업renew-ed-ness이라고 할 수 있다."[5] 그리고 이 현실의 변형을 통한 새로움은 관성과 타성에 의해 끌려가는 삶에 의미 있는 변화를 주는 것에 그 미덕이 있을 것이다.

이 뮤지엄은 시적 정서 가득한 곡선의 우아한 양감으로 대지를 가득 메우고 있으며 자연광으로 조절되는 탁월한 전시관 내부를 완성하고 있다. 미메시스 뮤지엄은 단순하고 정제된 볼륨으로 주변 풍경에 안착하여 녹아들고 있으며 이러한 외부의 단순한 정제됨이 내부에까지 온전히 이어지고 있다. 그리하여 이 뮤지엄은 건축백화점을 이루며 건축욕망의 전시장을 이룬 파주출판단지에 쉼표로서의 의미를 발생시키고 있다. 이는 알바로 시자가 특별히 의도한 것은 아니었을 것이다. 그의 많은 건축에서 미메시스 뮤지엄과 같은 정제된 형태가 확인되기 때문이다. 그의 건축은 그만의 고유함을 갖고 있는데, 그의 조용하고 고요한 건축이 건축적 기호와 욕망이 들끓는 파주출판단지란 곳에서 오히려 더욱 빛나 보이는 것은 우연이며 동시에 우연이 아니다. '소리의 뼈는 침묵'이라는 시인 기형도의 시구가 문득 떠오른다.

미메시스 뮤지엄은 그의 말대로 현실을 변형하고 있는가? 그리하

---

5 계간지 《건축평단(2015 봄 호)》, '우리건축의 새로움 강박증', 이종건

알바로 시자는 말했다.
"분명한 것은, 우리의 조건들이 바뀌고 있으며
중심과 변방이라는 편협한 관념으로부터
점차 자유로워지고 있다는 사실입니다."

OTOLLO

미메시스 뮤지엄은 단순하고 정제된 볼륨으로 주변 풍경에 안착하여 녹아들고 있으며 이러한
외부의 단순한 정제됨이 내부에까지 온전히 이어지고 있다.

여 새로움을 다시금 일으켜 세우고 있는가? 그는 늘 작업해왔던 그만의 방식과 고유함으로 미메시스 뮤지엄을 설계했는데, 그 속에 현실을 변형하는 무엇을 직접적으로 확인하기 어렵다. 그러나 그는 이 뮤지엄을 통해 소리의 뼈를 이루는 근간은 침묵임을 문득 떠올리게 하며, 그리하여 정제됨으로 오히려 큰 울림을 줄 수 있음을, 과잉된 기호를 하나하나 소거하여 핵심에 접근했을 때 그 의미가 보다 선명히 전달될 수 있음을, 시각적 피로도가 높은 곳에 사는 이곳 우리들에게 새삼 확인시켜주고 있다. 이 새삼스러운 확인이 새로움을 다시금 일으켜 세울 수 있으리라.

1933년 태어난 알바로 시자는 팔순을 넘긴 지금, 아직도 농밀한 창작혼을 불태우고 있다. 모더니즘의 마지막 세례를 받으며 포르투갈의 서정을 함께 체화해 나간 유라시아 대륙 서쪽 끝의 건축가는 이제 세상 중심에 서 있다. 그는 그가 설계한 근작 미메시스 뮤지엄을 보며, "내 작품 가운데 최고의 작품이야"라고 말했다. 유라시아 대륙 동쪽 변방 한 곳에는 알바로 시자 그 스스로가 인정한 그의 최고의 작품이 있다.

중심과 변방이라는 편협한 관념으로부터
점차 자유로워지고 있다는 사실

1992년 프리츠커상을 수상하면서 알바로 시자는 말했다.

프리츠커상을 받아서 마음이 평온해졌다고 말하고 싶습니다. (프리츠커상 수상의) 메시지가 내게 전해주는 분명한 것은, 환경마다 다르고 아직까지 범세계적인 것은 아니지만, 우리의 조건들이 바뀌고 있으며 중심과 변방이라는 편협한 관념으로부터 점차 자유로워지고 있다는 사실입니다.

I want to express that the Pritzker Prize gives my heart some serenity. The message is clear to me : it is acknowledged that our condition is transitional, different from environment to environment, yet universal ; gradually freed from the narrow concept of centre and periphery.

알바로 시자의 수락의 변은 중심과 변방periphery에 대한 이 시대 거장의 생각을 보여준다. 중심과 변방을 가르는 것, 그것은 그에게 편협한 사고에 불과하다. 그는 우리시대 모두들에게 존경받을 만한 마지막 모더니즘의 거장이자 시대의 어른으로, 중심과 변방이 서로 먼 곳에 동떨어져 따로 있는 것이 아님을 그의 온 작업을 통해 보여주었다.

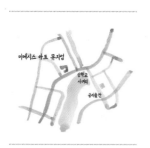

파주출판단지 내 심학교사거리 지척에 미메시스 아트 뮤지엄이 있다. 형태 과잉의 출판단지 안에 단순한 곡선과 직선 몇 개로, 소리의 뼈는 침묵임을 불현듯 일깨우며 서 있다.

2부

있음이 이로운 것은 없음이 쓰임이 되기 때문이다

서른 개의 바퀴살이 하나의 바퀴통으로 모이니 바퀴통 속에 아무것도 없기 때문에 수레의 쓸모가 있다. 진흙을 이겨서 그릇을 만드니 그릇 속에 아무것도 없기 때문에 그릇의 쓸모가 있다. 방을 만들 때는 방문과 창문을 뚫으니 방문과 창문 안에 아무것도 없기 때문에 방의 쓸모가 있다. 그러므로 있음이 이로운 것은 없음이 쓰임이 되기 때문이다.

輻同一轂, 當其无, 有車之用也. 埏埴爲器, 當其无, 有埴器之用也. 鑿戶牖, 當其无, 有室之用也. 故有之以爲利, 无之以爲用.

노자의 『도덕경』 열한 번째 이야기는 있음과 없음을 엮어서 설명하고 있다.

바퀴통과 그릇과 방은 그 비워져 있음에 쓸모가 있다. 여기까지의 독법은 어느 누구나 크게 같고 작게 다르다. 그러나 마지막 문장은 "그러므로 있음은 이로움이 되고, 없음은 쓰임이 된다"로 풀이하는 이들과 위 본문과 같이 "그러므로 있음이 이로운 것은 없음이 쓰임이 되기 때문이다"로 풀이하는 이들로 나뉜다. 전자는 있음과 없음을 병렬적으로 배치하여 '있음'과 '없음'에 위계의 차이가 없으나, 후자는 '없음'의 쓰임으로 '있음'의 의미가 발생한다고 해석하여 '없음'에 방점을 두고 있다.

바퀴통과 그릇과 방이 비워져 있지 않다면 그 바퀴와 그릇과 방은 쓸모가 없다. 비워져 있지 않은 바퀴통과 그릇과 방은 바퀴와 그릇과 방의 소용에 닿지 못하므로 그것들은 결국 바퀴통과 그릇과 방이 아니다. 바퀴통과 그릇과 방이라는 존재가 이로운 것은 그 빈 공간에 쓰임이 있기 때문이다. 그래서 마지막 문장의 독법은, "그러므로 있음이 이로운 것은 없음이 쓰임이 되기 때문이다"란 후자의 독법이 좀 더 올바른 독법이 아닐까 한다.

있음이 이로운 것은 없음이 쓰임이 되기 때문이다. 주객이 전도될 때, 있음의 이로움에 집착하여 없음의 쓰임은 간과된다. 우리의 방, 그러니까 우리의 건축은 그 꼴을 이루는 형태와 크기와 재료의 물성에 앞서 그 빈 공간의 비#물성에 존재 의미가 있다. 이 명확하고도 단순한 사실을 망각하는 경우가 지천으로 널려 있다. 그래서 없음의 쓰임에 앞서 있음의 이로움에 회까닥 눈이 뒤집힌 시선이 칼날처럼 사방을 가른다.

없음으로 쓰임이 발생하는데 '쓰임'은 사용가치다. 그런데 현대 후기자본주의 사회에서는 사용가치만을 만족하는 제품으로는 이윤율을 증대시킬 수가 없다. 동일한 크기와 기능으로 만들어진 가방이라도 명품가방은 재래시장에서 판매되는 가격의 수천 배에서 수만 배에 이른다.[6] 명품가방에서 사용가치는 지극히 적거나 혹은 거의 없다. 명품가방은 명품로고의 기호와 그것들이 어우러져 만들어내는 이미지의 아우라를 존재기반으로 하고 있는데, 그 기호와 이미지는 사용가치를 압도한다. 간혹 명품가방을 '실용'의

---

6 인터넷에서 검색되는 현재 가장 비싼 핸드백은 모워드(Mouawad)의 '1001 나이츠 다이아몬드 퍼스'로 한화 약 44억 원이며, 그 다음은 에르메스(Hermes)의 '버킨 긴자 다나카 백'으로 한화 약 22억 원이다. 그 뒤로도 십 수억 원의 가방들이 뒤를 잇고 있다.

관점에서 이야기하는 사람들이 있으나 그들의 논리는 사실, 공허하다. 명품 가방에 물건을 담을 수 있는 사용가치가 1이라면 기호와 이미지에 지불되는 가치는 1,000 또는 10,000 또는 그 이상이기 때문이다. 그래서 명품가방은 실용품이 아니라 사치품이다.

건축은 어떠한가? 우리 사회 모든 곳에는 '명품'건축을 향한 갈망이 있다. 자본에 의해 불려온 스타건축가들의 건축, 스타키텍트(starchitect, 'star'와 'architect'의 합성어 'starchitect'는 일부 '잘나가는' 건축가들의 대중적 지위를 보여준다)들의 건축에 보내는 언론의 찬사, 그런 언론에 길들여진 일반 대중들은 명품건축을 갈망하고 이 갈망은 다시 자본으로 하여금 스타키텍트들의 건축을 재생산하는 순환을 반복한다. 굴리고 돌려서 축적하며, 다시 그 축적의 잉여분을 굴리고 돌려서 또다시 축적하는 반복의 순환 또는 순환의 반복은 자본주의의 작동방식과 완벽하게 동일하다.

그렇다면 명품건축의 속내는 어떠한가? 명품건축의 실체는 명품가방의 그것과 크게 다르지 않다. 명품건축에서 비움의 쓸모는 2차적 또는 부차적이다. 명품건축의 최대가치는 교환가치다. 이 교환가치는 부동산적 재화로서의 물적 가치와 더불어 명품에 쏟아지는 시선과 그 시선이 발생시키는 소비 갈망의 상징적 가치를 포함한다. 자본에 의해 온전히 포섭된 건축은 비움의 쓸모에 집중하기에 앞서(혹, 어떤 스타키텍트들은 그들의 건축이 건축 본연의 쓸모에 집중한다고 강조 또는 강변(?)하고 있으나, 이는 그들의 이름에 부여된 '명품'이란 가치에 비하면 지극히 외소하다. 스타키텍트들의 호소는 마치 명품 가방을 실용의 관점에서 이야기하는 이들의 논리만큼이나 허무하고 또 무력하다), 건축물 여기저기에 기호와 이미지 그리고 관념의 포장을 덧씌운다. 그리하여 그러한 명품건축은 더 많은 눈을 현혹하고, 그리하여 더 많은 교환가치를 창출한다.

그러나, 진실로 명품건축이란 그러한 것인가? 나는 여기서 건축물 비움의 쓰임을 생각하며 그것의 복권復權을 생각한다. 이 사용가치의 복권은 다만 '기능'에 침몰된 창백한 모더니즘의 리바이벌을 의미하는 것이 아니며 그것은 비움의 쓰임, 그 건축물 본연의 존재이유에 천착함을 의미한다. 그리하여 건축이 그 비움 안에 들어선 우리들의 영혼에 한 줄기 청량한 빛과 안온의 위로를 줄 수 있을 때, 우리는 그것을 진정한 명품건축이라 해야 하지 않겠는가?

우리에게 건축이 이로운 것은, 그 건축의 겉꼴이나 크기에 있는 것이 아니라, 그 안이 비워져 있기 때문이다.

절두산 밑을 지나며, 『흑산』을 읽으며

서울 합정동 한강변에는 작은 봉우리 절두산이 있는데 그 위에는 성
당이 하나 있다. 옛 양화나루 근처다. 난 몇 해 전, 가끔씩 차를 몰고
일산에서 서울로 출퇴근할 때 절두산 성당 밑 절벽을 지나고는 했
다. 절두산 성당은 건축가 이희태 선생이 설계했는데, 그는 이미 서
른 몇 해 전에 망인이 되었고 나는 그가 50년 전 설립한 회사에 아직
다니고 있다.

　양화나루에 바짝 붙어 있는 봉우리의 원래 이름은 누에 대가리를
닮았다고 해서 잠두봉蠶頭峰이었는데 언젠가부터 절두산으로 바꿔 부
르기 시작했다. 그런데 절두산은 누에 대가리를 잘랐기 때문에 절두

가 아니다. 사람 머리를 잘랐기 때문에 절두^{截頭}다.

1866년 프랑스 함대가 양화나루까지 올라와서 껍적거리다 돌아 갔다. 흥선대원군은 격노했고 프랑스 함대와 교류했던 조선인 천주 교도들의 머리를 잠두봉 위에서 잘랐다. 이때 잠두봉에서 잘린 머리 가 1만을 헤아렸다고 한다. 봉우리에서 데굴데굴 굴러떨어진 만 개 의 머리는 한강변을 피로 물들였다고, 천주교 쪽에서 남긴 여러 기 록들은 전한다. 만 개의 잘려진 머리가 데굴데굴 구르며 한강으로 풍덩풍덩 빠지는 장면은 끔찍하다. 그렇게 병인박해는 처참했고 참 담했다.

소설가 김훈은 자유로를 따라서 서울을 드나들 때마다, 매연에 찌 든 흙더미 절두산이 그의 일상을 심하게 압박했다고 소설 『흑산』의 후기에 적어놓았다. 그리고 소설 『흑산』은 '그 억압과 부자유의 소 산'이라고 말했다. 소설가는 '피 흘리며 나아간 사람들을 두려워하고 또 괴로워'하며 소설을 써내려갔다고 했다.

그렇게 해서 돈이 서른 냥쯤 모이면 조안나루 오씨네 집에 매인 어 머니를 속량^{贖良}시켜서 함께 살날을 육손이는 그렸다. 어미가 준 기도 문에도, '주여 우리 아비 어미 자식이 함께 살게 하소서'라는 구절이 있 었다.

육손이가 떠나는 날, 황사영은 엽전 다섯 냥과 길양식 한 말을 주었 다. 육손이는 마당에 꿇어 앉아 오랫동안 울었다. 한 생애가 끓어오르 는 울음은 길고 길었다. 황사영은 울음을 막지 않았다. 육손이가 울음

2부 있음이 이로운 것은 없음이 쓰임이 되기 때문이다

을 추슬렀을 때 황사영이 물었다.

-가는 곳이 충청도 어디냐?

-제천에서 꼬불꼬불한 산길을 삼십리 들어가는 배론이라는 마을입니다. 흙이 찰지고 땔나무가 흔해서 옹기 굽기 알맞은 곳입니다.

황사영은 꼬불꼬불하다는 삼십리 산길이 떠오르지 않았다.

소설 『흑산』에는 주인공이 따로 없다. 소설 속에 나오는 모든 이들이 모든 주인공들이다. 황사영은 우리가 국사 수업시간에 달달 외운 '백서帛書'의 그 실존 인물 황사영이다. 육손이란 인물은 허구인데 '소설이 배경으로 삼고 있는 역사 속의 시간과 공간을 실제로 살아냈던 사람들의 삶과 죽음의 표정과 파편들이 그 허구의 인물들에 뒤섞여 있'어서, 온전하지 못한 육손이의 허구성을 작가는 소설의 '일러두기'에서 독자에게 이르고 있다. 그러니 육손이는 날조의 허구라기보다는 그 시대 속을 살았음 직한 인물들이 뒤섞여져 만들어진 (말이 될지는 모르겠으나) '실존적 허구'일 것이다. 그래서 황사영이 하인 육손이를 면천免賤하면서 이별하는 장면은 먹먹하고 절절하다.

육손이는 손가락이 여섯 개라 육손이다. 육손이의 오른손 새끼손가락 옆에는 생기다 만 작은 손가락이 하나 더 있다. 이 하나 더 달린 생기다 만 손가락이 과잉인지 또는 결핍인지 그도 아니면 그저 다름인지 모르겠지만, 나는 소설을 읽으면서 그 생기다만 손가락이 육손이 마음속에 저절로 들어앉은 천주의 마음일지 모른다고 생각했다.

면천된 육손이는 자존과 자족의 삶을 위해 산 속 배론마을로 향했고, 천주교 박해가 거세지자 황사영은 생존의 삶을 위해 육손이의 배론마을로 숨어들었다. 나는 30리의 꼬불꼬불 산길을 지나야 하는 배론마을에 가보고 싶었다. 지금 거기에는 황사영이 숨어 지내며 백서를 써내려갔던 토굴과 배 밑바닥을 닮은 성당이 있다.

큰 성당과 작은 토굴

청량리에서 출발한 제천행 무궁화호 열차는 중앙선을 달린다. 서울의 동쪽 경계를 벗어나면서부터 꽉 찼던 도시의 밀도는 헐거워지기 시작한다. 경기와 강원 그리고 충청의 들녘을 고루 가르며 무궁화호 열차는 덕소, 용평, 용문, 원주를 거쳐 제천에 도착한다. 제천역 앞에는 울고 넘는 박달재의 박달이와 금봉이가 여행객들을 맞이한다.

제천시민회관 앞에서 출발한 852번 버스는 꼬불꼬불 산길을 지나 배론마을, 배론성지에 도착한다. 배론성지는 넓다. 넓은 배론성지는 여러 채의 건물들로 군집을 이루고 있는데, 그중 하나의 건축물과 하나의 건조물이 배론성지의 주된 텍스트를 형성한다. 하나의 건축물은 최양업 신부 기념성당이며 하나의 건조물은 황사영이 숨어 지내며 백서를 써내려갔던 토굴이다.

배론성지는 주진입구를 제외하고는 산등성이에 둘러싸여 있다. 성지로의 주된 접근은 구학역과 탁사정 사이로 난 배론성지길에서 이뤄지는데 성지를 찾은 이들의 접근은 대부분 이 길을 통해 이뤄진

2부 있음이 이로운 것은 없음이 쓰임이 되기 때문이다

OTOLLO

1960년대의 절두산 성당.
이 땅 천주교의 역사는 박해와 순교의 반복 속에서 쓰였다.
초기 천주교인들의 목이 잘려나간 피흘림의 역사를 기록하기 위해,
1964년 건축가 이희태의 설계로 절두산 성당이 세워졌다.

다. 성지 입구에서 시작된 시선은 탁 트인 잔디 마당을 경유하여 상징성 강한 성당으로 곧장 유도된다. 주변의 작은 건물들은 성당에 비해 작은 규모와 평이한 형태 때문에 시선의 주목에서 비껴 있다. 최양업 신부를 기념하는 이 성당은 건축가 곽재환이 설계했다.

배론이란 지명은 배 밑바닥을 닮은 땅의 형상에서 유래했다. 더불어 구약에서 노아는 땅 위의 모든 날짐승과 들짐승들을 구원하기 위해 방주方舟—네모난 배를 만들었다고 기록하고 있다. 최양업 신부 기념성당의 조형과 상징은 성지가 놓인 지명과 기독교 구원 철학 사이의 공통분모에서 태어났다. 이 성당은 비교적 직설적으로 배의 모양을 차용하고 있다. 큰 배와 작은 배를 대성당과 소성당으로 나눠 초록 잔디 위에 회색 노출콘크리트의 덩어리로 띄어놓았다. 주변의 작은 집들과는 다르게 성당의 단순한 형태의 회색 덩어리는 압도적으로 커 보이며 성당이 주는 양감은 도드라진다.

황사영이 숨어 지냈던 토굴은 옹기를 보관하기 위한 창고였다. 이 창고 용도의 작은 굴은 흙으로 빚은 돔 구조물이다. 돔은 2차원의 아치를 360도 회전시켜 만든 3차원의 공간이다. 돔은 아치에서 비롯된 구조물이기에 하중을 버텨내는 원리는 아치와 동일하다. 돔 위에 얹혀진 힘들은 돔의 곡면 부위를 자연스럽게 타고 내려와 땅으로 흘러들어가 소멸한다. 이 작은 흙 돔 구조물은 아이들이 놀이터에서 만드는 두꺼비집과 같은 구조원리로 단순하고 원시적이다. 지금의 토굴은 1987년에 복원된 것인데, 복원된 토굴이 황사영이 숨어 지내던 토굴의 원형에 얼마나 가까운 것인지를 확인할 길은 없는 듯하다.

2부 있음이 이로운 것은 없음이 쓰임이 되기 때문이다

이 단순하고 원시적인 흙 돔 구조물은 작다. 아주 작고 그 안은 컴컴하다. 그 작고 컴컴한 구멍 같은 공간에서 고귀한 신분이었던 천주의 젊은 아들 황사영은 8개월을 숨어 지냈다. 그는 토굴 안에서 요강으로 똥오줌을 해결했고 해가 지고 토굴보다 더욱 컴컴한 어둠이 내리고 나서야 아주 잠깐 바깥에 나와 쪼그라들어 있던 몸을 펼 수 있었다.

토굴 속의 위로와 위안

건축이, 보다 정확히 말해서 건축의 공간이 우리의 몸과 마음을 위로할 수 있는가? 아마, 그러할 것이다. 그 비워진 공간 안에 우리의 몸과 마음을 누일 수 있기 때문이다. 건축은 몸과 마음을 누일 수 있는 은신^{隱身}과 피신^{避身} 사이에서 잉태되었기 때문이다. 건축의 시작은 은신과 피신을 품는 집—보호처^{shelter}에 다름 아니다.

건축 공간이 주는 위로의 힘과 질은 그 공간의 크기와 형태에 따라 다르다. 공간의 크기와 형태에 따라 공간의 위요^{圍繞}가 달라지기 때문인데, 그 적정한 크기와 형태는 때에 따라 다르고 장소에 따라 다르며 그가 느끼는 바와 그녀가 느끼는 바가 또 다르기에, 절대적 기준을 설정하기란 불가능한 일이다. 그리하여 건축가들은 모든 서로 다른 경우에 당하여, 안온한 위요감을 발생시키는 적정한 크기와 형태를 찾기 위해 끊임없이 고민하고 또 고뇌한다. 그러나 서로 다

배론성지는 배 밑바닥을 닮은 땅위에 안착해 있다.

른 모든 경우에서도 동일한 한 가지 사실은, 이 적정함은 크기의 거대함과 형태의 화려함에 비례하지 않는다는 것이다.

나는 한 평이 안 되는 토굴 속에서 벽서를 써내려갔던 황사영을 상상한다. 컴컴한 구멍 속에서, 그의 육신은 은신의 위안을 얻으며 그의 정신은 지극한 상태로 고양될 수 있었다. 황사영은 손바닥만 한 어둠의 공간 속에서 천주의 도래를 간절히 기원하며 13,384자의 글씨를 쓸 수 있었다.

나는 지금 창고 용도의 주먹만 한 토굴을 이야기하며 안온한 건축 공간을 향한 건축가들의 열망과, 내 집과 내 방이 좀 더 아름다울 수 있기를 소망하는 다른 모든 이들의 바람을 허무한 것으로 깔아뭉개려는 것이 아니다. 나는 다만 공간이 주는 위로와 위안의 힘은 그 공간을 이루는 형태와 크기가 전부가 아니라고 말하고 싶을 뿐이다.

자본이 양산하는 화려한 형태와 거대한 크기의 집들에서 우리의 육신과 정신은 위로를 받을 수 있는가? 물론, 그럴 수 있다. 공기조화설비를 통한 이상적인 쾌적함을 제공하는 그런 공간 속에서 우리의 육신은 위로를 받는다. 그 정제된 쾌적한 공간 속에서 우리의 정신도 위안을 얻는다. 그렇지 않은가? 그런 쾌적한 공간 속에서 우리는 위로와 위안을 얻을 수 있다. 그러나 그 이상적인 쾌적함은 어디서 연유하는가? 그 쾌적함의 위로와 위안은 자본과 에너지에 의해 일시적으로 부양되고 연기처럼 사라진다. 그렇다. 연기처럼 사라진다. 한여름 대형 쇼핑몰 밖으로 나올 때의 그 치밀어 오르는 열렬한 짜증을 생각하라. 이런 위로와 이런 위안은 너무나도 일시적이고 허무하지 않은가?

　그렇다면 건축 공간이 주는 위로의 힘은 어디서 오는가? 나는 다시 토굴 속 옅은 불빛 아래서 깨알 같은 글씨를 써내려가는 황사영을 상상한다. 그의 육신과 정신은 진정 컴컴한 구멍 속에서 위로와 위안을 얻을 수 있었던가? 그가 쓴 글은 기독교 박해의 절망과 메시아 도래의 희망 사이를 가로지른다. 그는 결국 한 뼘 공간 안에서 몸과 마음을 누이며 절망에서 희망으로 건너갈 수 있었던 것으로 보인다. 공간이 주는 위로와 위안의 힘은 그 형태와 크기가 전부가 아니라고, 황사영이 숨어 지냈던 토굴은 그렇게 말하고 있다.

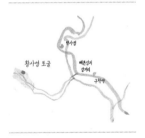

제천 시내 852번 버스가 배론성지 코앞까지 운행된다. 하루에 몇 대 없으니 놓치지 말아야 한다. 배론성지 삼거리 인근 기차역인 구학역은 여객수송을 하지 않는 역이다. 성지 인근 탁사정에 올라 바람 쐬며 경치 즐기는 일도 즐겁다.

　　　　　　　2부 있음이 이로운 것은 없음이 쓰임이 되기 때문이다

서귀포의 환상과 환상적이지 못한 미술관

이중섭이 그린 소와 아이들 그리고 서귀포의 풍경들을 들여다본다. 이중섭의 소는 부림 받는 소, 순종하는 소, 고기를 위해 길러지는 소는 아닌 듯하다. 이중섭의 소는 불거지게 튀어나온 흰 뼈와 그 흰 뼈를 완강하게 움직이는 근육들로 다부지게 뭉쳐져 있다. 이중섭의 소는 부림 받는 타율他律의 일소가 아니라, 그 스스로의 뼈와 근육으로 단단하게 뭉쳐진 자존의 소로 우뚝해 보인다.

이중섭의 아이들은 천진난만하다. 그가 그린 많은 아이들은 대부분 벌거벗은 모습으로 환상의 공간 속에서 뒹굴고 있다. 비현실적 공간에서 소와 게와 물고기와 어울려 노는 벌거벗은 아이들은 세상

시름에서 벗어나 있다. 세상 잡사에 편입시킬 수 없는 순수성의 결정으로, 이중섭은 그렇게 아이들을 그렸다.

이중섭은 잠깐 제주도에서 살았다. 전쟁의 참화를 피해 이중섭은 일본인 아내와 어린 두 아들을 데리고 제주 남쪽 마을 서귀포에 머물렀다. 전쟁의 피폐와 궁핍은 여지없이 이중섭과 그의 가족에게도 찾아왔지만 이중섭은 인생의 가장 행복했던 시간 서귀포에서의 1년이 안 되는 그 시간이었다고 술회했다. 이중섭은 그의 집 앞 섶섬이 보이는 서귀포의 풍경을 그렸고, 황금빛 풍요로운 대지와 파란 바다 그리고 그 속에서 일하고 또 놀고 있는 사람들을 배경으로 서귀포의 환상을 그렸다. 이중섭에게 가장 찬란한 행복을 가져다준 서귀포에는 이중섭미술관이 있다.

사실 이중섭미술관은, 이중섭과 이중섭의 그림과 이중섭의 인생이 가장 행복했던 서귀포라는 장소와 어떤 관계도 맺고 있지 못해 보인다. 생뚱맞은 모습의 미술관에서 이중섭과 이중섭의 그림과 그가 가장 행복했던 서귀포를 연결하는 무엇은 발견되지 않는다. 이 미술관은 원형평면의 2층으로 된 케이크를 닮았다. 미술관의 조형이 무엇을 은유 또는 상징하고 있는지 아니면 설계한 이의 자의적 조형의지가 그야말로 자의적으로 표출된 것인지 알 수 없다. 아마 후자인 듯하다. 미술관의 조형을 보면 은유라고 하기에는 그 은유하고 있는 대상을 유추할 수 있는 단서는 발견되지 않는다(설마 2층 케이크를 은유?). 2층 케이크와 같은 볼륨에 케이크를 8등분한 것 같은 칸막이벽이 버팀벽처럼 돌출되어 있는데, 잡다한 요소들의 부조화

스러운 구성은 딱히 상징이랄 것이 없어 보인다(혹시 2층 케이크를 상징?).

1층의 원형평면이 약간 체감된 면적으로 2층으로 이어진 누적된 중층의 단순 민짜의 공간에서 주목할 만한 단면과 공간을 포착할 수 없다. 이중섭의 몇 없는 작품을 전시한 1층의 상설전시관은 소규모의 전시품을 전시하고 관람하기에는 집중력 없이 헐겁게 구성되어 있다. 이중섭미술관은 이중섭과 어떤 함수관계도 맺고 있지 못하고 밋밋하게 고립되어 있다.

단칸방의 삶에 대하여

미술관 옆에는 이중섭이 전쟁을 피해 잠시 살았던 초가가 복원되어 있다. 이중섭과 그의 가족이 세 들어 살던 초가를 보는 일이 이중섭미술관을 보는 일보다 좀 더 일 같다.

세 칸짜리 초가, 초가삼간의 한 칸에서 그는 그의 부인 마사코(한국명 이남덕), 첫째아들 태현, 둘째아들 태성, 이렇게 네 가족이 함께 세 들어 살았다. 세 들어 살던 단칸방은 한 평 반이 조금 안 되고 딸린 부엌은 두 평이 채 안 된다. 손바닥만 한 공간에서 네 식구가 어떻게 함께 살았는지 상상하기 어렵지만 그래도 그들은 함께 살았다. 이중섭은 이 작은 단칸방에서 한 가족이 함께 살던 시간을 가장 행복했다고 이야기했다.

섶섬이 보이는 풍경.
민족동란의 난리 속에서 이중섭은 제주 어느 초가의 단칸방에 세 들어 살며
서귀포 앞바다 섶섬이 보이는 풍경을 유채로 남겼다.
이제 내가 그의 단칸방을 덧붙여 수채로 그려본다.

조부모님께 얹혀살던 나는 그분들의 졸^卒과 더불어 독립했다. 그리고 집을 구하러 다니며 알았다. 서울에서 서른 중반의 평범한 직장인 남자가 집을 사는 일은 불가능에 가까우며, 혹은 전세 드는 것이 가능하나 모은 돈보다 많은 빚을 져야 그나마 가능하다는 것을 알았다. 살기 위해서 집을 '사는 것'인지, 집을 사기 위해서 삶을 '사는 것'인지를 생각했는데 잘 모르겠다. 앞의 '사는 것'과 뒤에 '사는 것'은 모두 '사는 것'이란 발음으로 동일한데 그것들은 서로 심각하게 다른 결을 갖는다. 거대도시 서울에서는 거주감을 박탈당한 밋밋하고 헛헛한 아파트라도 '억' 한두 장으로는 살수도 없고 빌리기도 어렵다. 집 구하러 다니며 억억거리다 난 서울과 일산의 경계 구파발에 단칸방을 얻어서 그렇게 살고 있다.

서구에서 근대적 의식이 싹트고 개인이 역사와 사회의 전면에 떠오른 후, 거주 공간 또는 주거 공간에 대한 물음은 활발히 논의되었다. 사람 한 명이 먹고 자고 싸고 놀고 하기 위한 최소한의 공간 크기가 연구되었고, 표준화된 단위 세대를 설정하여 한 세대가 각자 구성원의 프라이버시를 보호받으며 가족으로 함께 할 수 있는 공간의 크기와 형태 등이 발표되었다. 채광과 환기, 프라이버시의 보호, 가사노동, 여가 등의 요소들이 종합적으로 검토되었다. 그렇게 도출된 최소한의 공간은, 당연히 단칸방일 수는 없었고, 방과 실들이 서로 연결된 복합적인 공간이었다. 가족구성원들의 온전한 생활은 연구된 바에 의하면, 또 경험된 바에 의하면, 또 지극히 상식적으로 생각되는 바에 따르면 최소한의 물리적 조건들을 갖추고 있어야 한다.

내가 살고 있는 아홉 평짜리 단칸방은 15센티미터쯤 되는 벽과 바닥을 사이에 두고 앞, 뒤, 위, 아래로 다른 집 단칸방들과 접해 있다. 코 푸는 소리도 들리고 싸우는 소리도 들리고 변기 물 내리는 소리도 잘 들린다. 앞, 뒤, 위, 아래 그리고 대각선 위, 아래 집들까지 총 여덟 가구에 둘러싸여 있지만 복도에서 만난 그들과 이웃사촌이 되기는 힘들다. 난 내가 사는 집의 최소한의 물리적 조건들이 빠른 시일 내에 충족되기를 바라지만 멀고 또 먼 일이다. 자본의 뒤돌아보지 않는 질주와 무수한 개인들의 욕망이 합쳐져 만들어낸, 그나마의 최소한의 아파트 살림집들의 가격은 상식의 범위를 벗어난 지 오래다. 나는 상대적 빈곤 속에서 단칸방과 쳇바퀴 삶의 탈출을 도모하나 무력한 직장인들은 또 그렇게 하루를 꾸역꾸역 습관적으로 살아넘긴다.

이중섭이 세 들어 살던 단칸방은 내가 사는 단칸방보다도 훨씬 작았다. 한 평 반의 공간에서 네 식구가 누워 자려면 포개져야 했을 것이다. 부엌은 두 평이라지만 접해 있는 집주인 방의 반침이 아궁이 위로 튀어나와 있어 실제 그 반도 안 되어 보인다. 초가를 감싸고 있는 외부공간의 풍요로움이 그나마 예술가 세입자를 위한 작지만 큰 위안이었을 것이다. 그래도 이중섭은 다 같이 지지리 못살던 그 시절, 그의 가족들과 함께 살 수 있어 행복했단다. 이중섭은 절대적 빈곤과 열악한 환경 속에서 불후의 명화들을 남겼다.

내 단칸방의 삶과 이중섭의 단칸방의 삶을 들여다본다. 난 인간이 사는데 물적 조건은 중요한 것이 아니라고, 중요한 것은 '오직' 삶에 이중섭은 이 작은 단칸방에서 한 가족이 함께 살던 시간을 가장 행복했다고 이야기했다.

대한 긍정이라고 결코 말할 수 없다. 그렇게 살 수 있는 사람은 극히 드물다. 대단히, 아주 대단히 드물다. 그렇게 살 수 있어도, 그 삶이 자율에 의한 것이 아닌 타율에 의한 어쩔 수 없는 선택, 여지없는 선택이라면 그 삶은 비참할 수밖에 없다. 그러면 어떻게 살 것인가. 이 물음은 출근길 만원 전철 안에서도 또 화장실 변기 위에서도 쉬지 않고 매일 스스로에게 묻지만 답을 알 길이 없다.

내가 살고 있는 나라는 살림집을 내 소유로 하는 것이 삶의 가장 큰 과업이며 동시에 목표인 나라다. 내 집 장만은 마치 투쟁과도 같으며 구매 당시가격과 판매 예상가격 사이의 거리가 벌어질수록 '가치' 있는 집이 된다. 살기 위한 집을 생각하기에 앞서 팔기 위한 집에 대한 고려가 선행되어야 하며, 주거의 질 또는 삶의 가치관 등과 같은 정신적인 무엇보다 교환가치에 대한 걱정이 선행되어야 한다. 그나마 이미 집값은 손닿을 수 없는 저어 위에 꽂혀 있다. 구매 불능상태. 경제의 불확실성이 계속되는 오늘, 이제 집은 살 수도 없고 팔 수도 없게 되었다. 하우스 푸어들과 렌트 푸어들은 집에 종속되어 옴짝달싹할 수 없다. 주택 포화상태, 구매 불능상태에서 질주하는 자본과 자본의 매체들은 그럼에도 불구하고 이제는 빚을 내서 집을 살 때라고 한다. 과연, 과연 그런 것인가?

이중섭은 그의 단칸방에서 불후의 명작들을 그렸고 나는 나의 단칸방에서 탈출에 골몰한다. 단칸방에 앉아 창 너머 맞은편에 한참 올라가는 871개의 단칸방이 들어 있는 27층짜리 거대한 오피스텔 덩어리를 쳐다본다. 서울의 변두리 구파발에도 기어코 아파트와 주거용 오피스텔들은 그 억센 뿌리를 내린다.

다시 눈을 내 단칸방으로 옮긴다. 벽 한편에 붙여놓은 이중섭의 소를 들여다본다. 이중섭의 소는 부림 받는 타율의 일소가 아니라, 그 스스로의 뼈와 근육으로 단단하게 뭉쳐진 자존의 소로 우뚝하다. 삶을 살기 위해 집을 사는 것인지, 집을 사기 위해 삶을 사는 것인지, 나는 거대한 집 덩어리와 이중섭의 소를 번갈아 보며 사는 것과 사는 것에 대해서 생각한다.

이중섭이 살던 단칸방은 서귀포 구 시가지 중심에 있다. 이중섭 문화거리 한켠에 이중섭미술관과 그가 잠시 살았던 초가삼간의 단칸방이 복원되어 있다. 미술관 옥상에 오르면 이중섭이 보았던 섶섬이 아직도 그 자리에 여전하다. 하긴 섬은 어디 가지 않는다.

북방의 이성계 그리고 남해의 관능

북쪽 변방의 시골무사 이성계는 전장을 돌고 돌며, 피로 피를 씻는 노동을 통해 고려 정치의 핵심부에 접근할 수 있었다. 기신거리며 간신히 연명하고 있던 고려 조정은 최영과 이성계를 투톱 삼아 한반도 내륙 깊숙이 들어와 분탕질에 여념 없는 왜구를 쓸어내고자 했다.

고려 말 왜구의 침략은 계통 없이 날뛰는 해적질 수준의 것이 아니었다고 여러 기록들은 전한다. 왜구들은 조직을 갖추고 위아래가 전령으로 연결되어 바닷가로 찌르고 들어와 내륙의 깊숙한 곳을 휘젓고 돌아다녔다. 이 바다를 건너온 도적들은 비단 남동해안 일대로만 들어온 것이 아니라, 남해안을 경유하고 서해안을 타고 북상하면서 경상도와 충청도, 경기도를 고르게 분탕질했고, 일부는 동해안을 쓸고 올라가며 경상도와 강원도, 함경도 일대를 노략질했다. 온 나라를 휩쓸던 도적질이었다. 이 왜구들을 쓸어내기 위해 북방의 이성계는 남쪽으로 말을 달렸다. 아마 이성계는 이때 남해에 있는 보광산 보광사, 그러니까 지금의 남해군 금산 보리암에 들러 지극정성의 기도를 올리며 관세음보살게 새 나라의 왕좌를 빌었을 것이다.

보리암은 경상남도 남해군 금산의 깎아지른 절벽 위에 달려 있는데, 연기설화에 따르면 서기 683년 원효가 이곳에 초가집을 짓고 수도하면서 관세음보살을 친견한 뒤 산 이름을 보광산, 초암의 이름을 보광사라 지었다고 한다. 관세음보살은 산스크리트어로 아바로키테슈바라^{Avalokiteśvara}인데, '속박 없이 자유롭게 살피는 존재'라는 뜻이다. 그러니까 '관세음^{觀世音}'이란 단어는 이름의 소리를 음역한 것이 아니라 뜻을 의역한 것인데, 고유명사인 이름을 의역한 것은 이치에 맞지 않아 보이나 '세상의 소리를 살핀다'는 뜻은 관세음의 대자대비한 성격을 잘 나타내준다. 관세음보살은 자비로서 상대의 고민을 같이 슬퍼하며 구원해주는 보살이다.

이성계는 왕이 되고 싶었다. 그래서 그는 조선팔도에서 관세음보살게 기도발이 가장 잘 먹힌다는 이곳 남해 보광산 보광사에 왕이 되길 빌었다. 기도하며 빌기를, 왕이 된다면 산에 비단을 둘러치리라, 이후 이성계는 새 나라를 열고 왕이 되었다. 그는 은혜의 보답으로 보광산에 실제 비단을 둘러쳐주는 대신에 금^{錦}산이란 이름으로 상징의 비단을 산에 둘러주었다. 그리고 시간이 한참 흘러 현종 때

2부 있음이 이로운 것은 없음이 쓰임이 되기 때문이다

에 보광사를 조선왕실의 원당으로 삼고 보광사란 이름을 지금의 보리암으로 개액하였다.

금산을 오른다. 1월의 남해는 눈에 덮여 있다. 이 따뜻한 남쪽 끝섬은 눈이 귀한데, 눈이 쌓이는 경우는 더더욱 귀하다. 눈 덮인 남해를 보는 나는 운이 좋다. 금산 보리암 가는 길은 녹기 시작한 눈으로 질퍽거렸지만 서울의 초봄 같은 날씨에 발걸음은 달뜬다.

겨울의 나무는 그 지난한 추위를 몸으로 받아내기 위해 잎을 떨군지 오래다. 겨울나무는 보리암 가는 길, 금산 산중에 지천으로 우뚝서 있는데, 나무에 까막눈인 내 눈은 저 가지만 앙상한 나무들을 구분하지 못하고 이 나무 저 나무 모두 그냥 겨울나무로만 받아들인다. 눈 덮인 나무로 이어진 오르막길은 길다. 시린 겨울나무 길이 끝나는 곳에 내리막길이 나타나는데, 이제 곧 보리암인가 보다.

그래, 보리암이 나오는구나. 보리암이 서 있는 곳에 서니 남쪽 바다가 벼락 치듯 눈에 들어온다. 아, 남해니까 남해로구나. 서해와 동해는 다르고, 동해는 남해와 다르며, 남해는 또 서해와 다르다. 남해는 동해와 같이 깊고 멀어 보이지 않으며 서해와 같이 얕고 가까워 보이지 않는다. 남해는 수없이 뿌려져 있는 가까운 섬들과 또 먼 섬들 때문에 가깝지만 또 멀어 보인다. 남해는 아득하며 동시에 안온해 보인다. 남해에 솟아오른 섬인지 산인지 모를 굴곡진 섬산 또는 산섬들이 봉긋봉긋하고 출렁출렁한다. 굴곡이 주는 관능에 가슴이 울렁울렁한다. 남해의 관능이 그러한가 보다.

북방의 차갑고 척박한 광야의 전장을 전전한 이성계에게 이 따뜻

남해는 아득하며 동시에 안온해 보인다. 남해에 솟아오른 섬인지 산인지 모를 굴곡진 섬산 또는 산섬들이
봉긋봉긋하고 출렁출렁한다. 굴곡이 주는 관능에 가슴이 울렁울렁한다. 남해의 관능이 그러한가 보다.

한 남해의 관능은 감동이었을 것이다. 왜구를 쫓아 남쪽으로 말머리를 돌릴 때, 이미 이성계는 죽음의 문턱에 다다른 고려 왕조의 끝을 보았을 것이고, 자신이 새로 열어 나갈 새 나라의 남쪽 끝을 보고 싶었을지 모른다. 그는 제 나라가 될지 모르는 남쪽 모서리에 서서 남쪽 바다를 바라보며 관세음보살께 백일 동안 빌고 또 빌었다. 보리암에는 이성계가 치성 드린 기도처가 남아 있다.

고립무원의 외통수

보리암은 절벽에 있다. 서 있는 곳이 손바닥만 해서 집 지을 땅이 별로 없다. 그래서 절집의 규모가 클 수 없다. 이 작은 절집은 그래서 사寺가 아니라 암庵이다. 애시당초 저잣거리를 돌며 민중의 한복판에서 부처의 말씀을 전하던 원효에게는 대가람을 이룰 만한 장소가 필요하지 않았을 성싶다.

보리암의 연기설화는 원효가 이곳에서 중생을 구제하는 관세음보살을 직접 보았다고 전하고 있다. 원효는 관세음보살이 살던 이 세상 너머 남섬부주에 있는, 너른 앞바다를 품고 있는 보타가락산을 남해의 금산에 겹쳐보았나 보다. 전해지는 보리암의 창건시기가 사실이라면 원효는 그의 느지막한 말년에 산 속의 절벽으로 들어가 작은 초가집을 짓고 수도에 정진한 것이다.

2500년 전, 인도의 작은 왕국에서 태어난 샤키아족族의 왕자 고타

일연은 기록했다.
"원효는 뽕나무 농사짓는 늙은이나 옹기장이,
무지몽매한 무리에게도 모두 붓타의 이름을 알리고
나무아미타불을 부르게 했으니,
원효의 교화가 컸다고 할 수 있겠다."

OTOLLO

마 싯다르타는 기성의 모든 종교와 신들에게서 궁극적인 삶의 구원을 얻을 수가 없었다. 작은 왕국의 후계자이자 유부남이었던 그는 부인의 출산 소식을 듣고 '라훌라'라고 말하며 숲 속으로 들어가 깨달음의 세계를 열었다. 깨달음을 얻어 열반에 이른 그는 붓다^{Buddha:깨달은자}가 되었고 붓다는 중국을 거쳐 불타^{佛陀, '붓다'의 한자 음역}가 되어 한반도로 들어와 부처가 되었다.

부처가 설법한 기원정사는 돌로 된 기단의 흔적들로만 남아 있다. 뜨거운 열사의 땅에 세워졌던 불교의 사원은 중앙아시아를 넘어 중국으로 들어와 대륙의 사찰 형식으로 정형화된다. 이 정형화된 형식은 다시 반도로 넘어와 반도의 또 다른 절집 형식으로 굳어진다. 이 절집 형식은 대부분 평지에 자리 잡는 평지가람과 산 속에 자리 잡는 산지가람이다. 보리암은 평지에 지은 절집도 아니고 산 속에 지은 절집도 아닌 절벽에 지은 절집이다. 평지가람도 산지가람도 아닌 보리암의 절집 형식을 뭐라 해야 할까. 절벽가람이라 내 마음대로 부른다. 절벽가람은 고립된 한 점과 같아서, 오직 외길로만 속세와 통할 뿐이다. 보리암은 깎아지른 절벽과 망망한 바다가 전부인 고립무원의 외통수다. 그래서 절벽가람 보리암에는 건축적 해석을 걸칠 만한 구석을 찾기가 쉽지 않다. 다만 고립된 한 점인 작은 절집과 그 한 점 절집을 둘러싸고 있는 공간과의 관계에 대해서만 떠듬거리며 이야기할 수 있을 듯한데, 그마저도 그 둘러싸고 있는 공간이 격절의 허공과도 같은 절벽이라 무엇을 더듬거려야 할지 난감하다.

이 난감한 지점에서 절벽가람은 형식에서부터 자유로워진다. 평지에 지어진 절집의 형식과 산 속에 지어진 절집의 형식은 모두 불교의 세계를 축약한 정형화된 형식체계를 따른다. 일주문, 천왕문, 해탈문을 통과하여 지고의 공간에 이르는 축형 구성 등이 그러하다. 고대 인도의 우주관 그리고 그 꼬리를 물고 있는 불교의 우주관에는 세계의 중심이 되는 수미산이 나온다. 이 산의 정상은 지고의 공간이다. 절집의 중심에 이르는 길은 산 정상에 오르는 길의 축약이다. 이 상징화되고 정형화된 축약을 따라 평지가람과 산지가람은 배치된다. 절벽가람 보리암은 이런 형식을 필요로 하지 않는다. 고립무원의 한 점으로 들어가 오직 치열하게 고립되기를 원할 때 절벽가람은 정형화된 형식을 털어내고 절벽의 한 점으로 수렴되어 고립을 완성한다. 이 완성된 고립 속에서 구도의 길은 완성에 이를 수 있을까. 원효는 말년에 이 고립된 한 점으로 들어와 수도에 정진했다.

보리암 밖에서 본 보리암은 고립된 한 점이었으나, 보리암 안에서 본 보리암 밖은 한정 없이 펼쳐지는 남쪽의 바다와 시선의 끝이 닿지 않는 허공이었다. 원효의 열반은 무한히 펼쳐 있는 한 점 위에서 완성되었다.

남해버스터미널에서 보리암 가는 버스가 아침과 저녁, 하루 두 번 있다. 보리암은 깊은 산중에 있는데 주차장에 내려서도 한참을 걸어야 한다. 외길로 통하는 길을 걸어야 고립무원의 외통수에 이를 수 있다.

자립과 자족을 꿈꾸는 마을

자립^{自立}과 자족^{自足}이란 단어는 아름답다. '自^{스스로 자}'는 '제 힘으로'를
뜻한다. 제 힘으로 서고, 제 힘으로 필요를 충당하는 삶은 타율과 기
생하는 불구의 삶이 아닌 스스로 온전한 삶을 일궈 나가는 것이기에
아름답다.

　거의 모든 것들을 공급받으며 부양되고 있는 오늘날의 거대도시
는 그 겉은 빛나고 또 빛나지만 그 빛은 그 안에서 뿜어져 나오는 빛
이 아니다. 과거와 현재 그리고 미래에도 도시는 제 힘만으로는 유
지될 수 없다. 도시는 근본적으로 자족이 불가능하기에 자립이 불가
능하다. 도시는 언제나 부양을 필요로 한다.

영국의 작가이자 포토저널리스트이며 유엔환경계획^{UNEP}의 자문위원이었던 존 리더^{John Reader}는 『Cities』란 책을 썼다. 이 책 제목의 우리말 번역은 『도시, 인류 최후의 고향』이다. 그러나 이 제목 번역은 틀린 듯하다. 만들어내는 것 하나 없이 오직 빨아들이며 소비에 몰두하는 오늘의 거대소비도시 또는 소비거대도시는 인류 최후의 고향이 될 수 없을 것이기 때문이다.

우리는 찰랑거리는 석유의 밑바닥을 보고 있으며, 체르노빌과 후쿠시마에서 전쟁 없는 도시의 궤멸을 경험했다. 도시를 추동시키고 또 부양하는 거대 에너지원의 고갈은 불가피하며 대체에너지 또는 신재생에너지의 생산량은 오늘날의 소비를 부양할 만한 절대량이 아님은 보다 분명해지고 있다. 대체에너지 또는 신재생에너지는 매우 정치적인 측면에서 논의되고 있으며 또 기만적인 방법으로 대중들에게 노출되고 있다.

생산할 능력이 아무것도 없는 불모의 거대도시를 이제 우리는 무슨 힘으로 부양할 수 있을 것인가? 인류 최후의 고향은 오늘날과 같은 거대소비도시 또는 소비거대도시일 수 없으며 아마 농촌에 가까운 도시, 지속 가능한 생산과 재생 가능한 소비가 함께 이뤄지는 도시 같은 농촌이 될 것이라고 나는 생각한다.

진정한 자립과 자족은 그래서 지금의 도시에서는 닿을 수 없는 꿈이다. 너나 나나 누구나 밥 먹기의 과업에서 하루도 빠져나갈 수 없다. 이 생물학적 삶의 기본조건인 먹거리의 생산은 아스팔트와 콘크리트로 뒤덮인 도시의 비좁은 대지에서는 키워낼 수 없다. 이 입으

2부 있음이 이로운 것은 없음이 쓰임이 되기 때문이다

로 흘러가는 것들은 토지, 검고 붉은 흙이 있는 땅에서 키워낼 수 있는데 그래서 자족하는 자립의 삶은 농촌의 기반 밑에서 비로서 가능하다.

충청남도 홍성군에는 '홍동마을'로 불리는 작은 마을이 있다. 홍성의 동쪽에 있다 하여 붙은 동명 '홍동'은 무미건조하나, 이 마을은 소규모 자영농들이 마을공동체를 이뤄 보다 선명한 자립과 자족의 삶을 이어가고 있다. 마을 사람들은 정력적인 협동조합 활동을 통해 이것과 저것 그리고 삶의 많은 것들을 서로 돕고 서로 해결한다. 그들은 '풀무학교'에서 아이들을 농사꾼으로 길러내고 '얼렁뚝딱집짓기 협동조합'으로 스스로 살 집도 마련하며 태양광과 소똥 메탄가스 등을 공부하며 에너지 자립도 꿈꾼다. 그리고 풀무학교 도서관이자 마을 도서관이기도 한 밝맑도서관에서는 책도 보고 공부도 하며 결혼식도 열고 마을잔치도 벌인다. 밝맑도서관은 건축가 이일훈이 설계했고 2010년 완공되었다.

도서관의 이름 '밝맑'은 풀무학교의 설립자 이찬갑 선생의 호^號이다. 밝고 맑게 살다 간 농민운동가 이찬갑 선생은 독립운동가 이승훈 선생의 조카 손자며 역사학자 이기백 선생이 그의 장남이다. 풀무학교 설립 50주년을 기념하기 위해 짓게 된 도서관은 학교에 있지 아니하고 마을 한복판에 세워졌다. 학생들만을 위한 도서관이 아닌 지역 주민과 함께 하는 도서관은 학교의 지역화를 실천하는 풀무정신의 연장이다. 이일훈은 '학교 도서관이 학교 밖 동네로 뚜벅뚜벅 걸어 나오는' 느낌을 받으며 풀무정신에 입각한 도서관을 설계했다.

밝맑도서관의 로비. 동네 어르신, 아저씨, 아주
머니, 학생들 그리고 꼬마아이들이 무시로 드나
든다.

모임터, 쉼터, 놀이터 그리고 배움터를 꿈꾸는 도서관

기원전 288년 이집트 북쪽에 있는 대도시 알렉산드리아에 거대한 도서관이 세워졌다. 알렉산드리아 도서관은 지중해 세계는 물론 이 세상 저 세상 두루 돌며 모아온 수많은 서적들로 채워졌다. 알렉산드리아 도서관은 기원전 세상에 알려진 최대의 도서관이었다.

오래전, 책은 정보의 모든 것이었는데 이 모든 것에 접근할 수 있는 부류는 매우 한정적이었다. 책을 통한 정보의 습득은 곧 정보가 부재한 이들과의 투쟁에서의 승리를 의미했다. 책은 곧 정보며, 정보는 곧 힘과 권력으로 이어지는 그 옛날이었다. 서로 꼬리를 물고 있는 책과 정보와 권력은 그래서 항상 지배자 또는 권력을 손에 쥔 자들의 몫이었다. 고대부터 시작된 도서관은 중세를 거쳐 근세에 이르기까지 이 독점적 접근의 틀 안에서 크게 움직이지 않았다. 100여 년 전만 해도 책과 도서관은 선택받은 소수만을 위한 것이었다. 그러나 근대의 여명 속, 인간 평등을 향한 지난한 피흘림을 통해서 도서관은 비로서 민중에게로 내려올 수 있었다.

공공公共 도서관. 모든 이에게 열려 있는 정보의 공간은 그렇게 일상의 구석구석으로 스며들 수 있었다. 건축가 이일훈은 기왕 일상으로 내려온 도서관이기에 책만 보는 도서관이 아닌 마을 사람들이 모여서 먹고 마시고 놀고 쉬고 또 공부할 수 있는 동네 모임터, 쉼터, 놀이터 또 배움터로의 도서관을 계획했다. 그래서 밝맑도서관은 이 모든 터일 수 있게 넓은 앞마당을 갖고 있다. 밝맑도서관은 채워진 건물과 비워진 마당으로 나뉘는데, 결국 두 공간 모두는 사람들과 그들의 행위들로 채워지는 공간이기에 둘이 아닌 하나의 공간이라 해야겠다. 밝맑도서관은 작지만 크다.

이일훈은 분명하고 구체적인 설계 방법론을 통해 그의 작업을 수행해 나가고 있다. 그는 '채나눔'이란 구체적 실천전략으로 건축물의 덩어리를 쪼개서 흩트린다. 이 덩어리의 쪼갬과 나눔을 통해서 '불편하게 살기'와 '밖에서 살기'와 '늘려 살기'를 도모한다. 그리하여 그는 참을 수 있는 불편함 속의 여유와, 일기日氣에 반응하는 지극한 당연함과, 천천히 걷고 또 천천히 생각하기를 우리에게 권유한다. 이일훈은 건축의 이름으로 경쟁과 속도에 부대끼고 있는 오늘의 가난한 삶을 어루만지고자 한다.

홍동의 작은 도서관 또한 '채나눔'에 근거하여 설계되었다. 크지 않은 규모의 도서관이지만 건축가 이일훈 그래도 덩어리를 쪼개서 이쪽과 저쪽을 나눠 그 사이 바람을 맞고 눈과 비를 느낄 수 있는 정서를 심어놓았다. 그리고 쪼개진 덩어리에는 좀 더 많은 빛이 쏟아지고 좀 더 많은 바람이 통과하게 된다. 도서관은 꼴과 자태가 간결하고 소박하다. 간결하나 막되어 보이지 않고 소박하나 궁상맞아 보이지 않는다.

밝맑도서관은, 결국, 마당에 의해 완성에 이른다. 작은 규모의 도서관에 비해 도서관 앞마당은 무척이나 넓고 마당을 둘러싼 회랑은 튼튼한 나무로 건실하게 짜 맞춰져 있다. 회랑은 벽으로 사방이 막혀있지 아니하고 기둥과 지붕으로만 꼴 지워져 있다. 그래서 눈과

이일훈은 말했다.
"우리에게 밝고 맑은 생각이 없다면 도서관의 만 권의 책은 얼마나 허무한가.
밝고 맑은 세상이 오길 바란다면 밝게 하자 맑게 하자는 정신을 우선 나부터 다잡을 일.
그럴 때 도서관 마당과 회랑의 비어 있는 공간과 그늘의 힘은
서가에 꽉 찬 책과 열람실 불빛에 뒤지지 않는다."

비를 피하면서 바람을 맞을 수 있는 그늘진 청량한 공간이 만들어진다. 이 청량한 마당은 그야말로 마당이다. 보기 위한 관조의 빈터 또는 버려진 공터가 아닌, 먹고 놀고 마시고 쉬고 또 공부도 하는 도서관 마당의 힘은 서가에 꽉 찬 책과 열람실 불빛에 뒤지지 않는다. 건축가 이일훈이 그렇게 말했고 실제 마당은 그렇게 작동되고 있다.

1990년대 후반에서 2000년대 초반, 우리 건축계에는 '비움'에 대한 논의가 들불처럼 일었다. 승효상의 '빈자의 미학', 민현식의 '비움', 김인철의 '없음의 미학' 그리고 방철린의 '무위' 등등. 그것들은 서구 건축계에서 쏟아져 들어오는 수입 이론들에 대한 우리 건축계의 하나의 대안적 논의와도 같은 것들이었다. 그러나 지금 그 '비움'에 대한 결과물들을 돌아봤을 때, 그중 많은 공간들이 삶을 담기에 앞서, 관조를 위한 공허 그러니까 보여주기 위한 연극 무대와 같은 분위기를 만드는 데 그쳤음을 목도하게 된다. 그 이유는 아마 그 많은 '비움'들이 삶의 실천적 영역이 아닌, 관념 속에서 먼저 직조되고 그 이후에 현실에 현상했기 때문일 것이다.

이 지점에서 밝맑도서관 마당의 비움은 의미 있다. 도서관의 마당은 애초에 관념 또는 이론화의 채를 통과하지 않고 현실 가운데서 없음의 쓰임으로 살려졌기 때문이다. 그것은 학생들이 배회하는 빈터이고, 농부들이 쉬었다 가는 빈터이고, 마을사람들이 잔치 여는 빈터이고, 또 특정할 수 없는 무수히 많은 삶의 행위들을 담을 수 있는 빈터이고자 했던 도서관을 사용하게 될 모든 마을 사람들의 없음의 쓰임에 대한 욕망에서 비롯되었고, 비움을 관념화하지 않고 없음의

2부 있음이 이로운 것은 없음이 쓰임이 되기 때문이다

쓰임을 통하여 삶의 소용에 닿는 비움에 전력했던 건축가이기에 가능했으리라.

밝맑도서관의 마당은 홍동마을의 모든 터이기에 부족함이 없다. 오늘도 도서관의 마당에는 결혼식이 열리고 동네잔치가 벌이진다. 나는 결혼식에 초대받지는 아니하였으나 마당 한 곳에 자리를 잡고 앉아 막걸리를 한 사발 얻어 마신다.

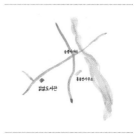

장항선 광천역 옆 버스터미널에 홍동마을 가는 시내버스가 있다. 홍동 정류장 또는 송풍정류장에서 밝맑도서관까지 걸어갈 수 있다. 도서관 앞 그물코 출판사와 느티나무 헌책방에서 책 한 권 사면 좋겠다.

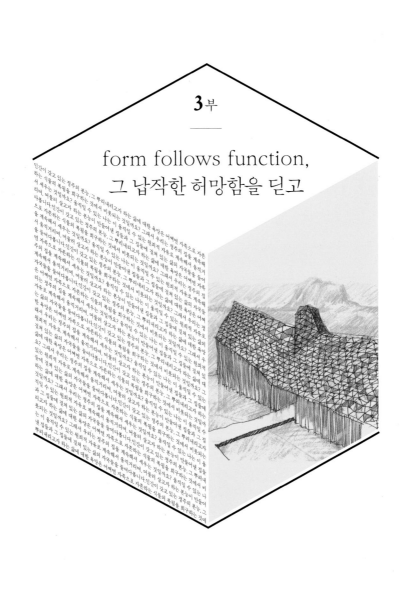

3부

form follows function,
그 납작한 허망함을 딛고

형태는 기능을 따른다.

Form follows function.

형태는 기능에 의해서 꼴 지워진다는 이 간결한 명제는 근대건축의 종교적 교의와도 같았다. 이 짧고도 강력한 문구는 근대라는 시간을 관통하며 건축의 테두리를 넘어 인간 편리를 충당하기 위해 제작되는 모든 것들의 제작 지침으로 그 범위를 넓혀갔다. 근대 이후 현대에 이르기까지 지배적 디자인 원리로 힘을 발휘하고 있는 이 아포리즘에서, 기능은 형태를 발생시키는 근본원리로 모든 사물들의 모든 가치를 결정하고 또 지배한다고 믿어졌다.

근대 이후 이 기능은 얼마나 무서운 것으로 변해갔던가? 기능의 의미가, 작동원리라는 협의적 의미에서 효용을 발생시키는 모든 것이라는 광의적 의미로 확장되었을 때, 기능에 의해 꼴 지워진 모든 것들에서 효용 이외의 가치들은 가차 없이 버려졌다. 많은 디지털 기기들의 기능과 효용에 의해 기억하고 창의하고 또 성찰하고 반성하는 사고는 퇴화되었으며, 거대 건축물이 주는 안락과 편의의 기능과 효용에 뒤에서 일기^{日氣}에 반응하는 그 지극한 인간의 삶의 방식은 쪼그라들었고, 더불어 인간에 의해 쥐어짜지는 자연은 비쩍 말라 불모의 땅으로 변해버렸다.

뒤돌아보지 않는 기능에 의해 인도되는 우리의 삶은 오직 욕망과 욕정으로 추동된다. 그 종착점은 어디인가? 오직 발밑만을 보고 걷다가 추락하는 순간에야 파국을 깨닫게 되는, 그리하여 어쩔 수 없이 맞닥뜨리게 되는 그 되돌릴 수 없는 비극은 얼마나 끔찍하겠는가?

오늘날에도 형태는 기능을 따르는가? 그러하다. 좀 더 엄밀히 말하자면 형태는 기능을 포섭한 자본의 지침을 따른다. 그 기능은 효용과 효율과 합리라는 자본주의의 최대 공리와 맞물려 오늘날 우리 주변 대부분의 집들의 꼴들을 결정하고 있다. 자본 없는 건축은, 오늘날 당연히 불가능하다. 그러기에 자본에 맞서는 건축이라는 것이, 오늘날 지금 여기에, 도대체 가능한 것인가? 이것 또한 '매우' 그렇지 않아 보인다. '거의' 불가능해 보인다. 그럼에도 불구하고, 발밑 보고 걷기의 비극적 종국은 피해야 하지 않겠는가?

춘천 가는 기차

경춘선京春線.

경춘선의 '경춘'은 '서울京의 봄春'이려나. 서울에서 강원도에 이르는, 유유히 흐르는 기차 창밖의 평온한 풍경을 상상하면 '서울의 봄'이란 뜻풀이는 타당해 보인다. 서울의 봄과 같은 존재 경춘선. 그러나 경춘선은 서울京과 춘천春을 잇는 선線을 말한다. 어떤 선이냐 하면 기차가 다니는 철도선이다.

관동은 강원도의 별칭인데 관동의 등뼈인 대관령은 동과 서를 갈라서, 이 령嶺을 기준으로 서쪽은 영서, 동쪽이 영동이 된다. 그 옛날 가파른 경사의 령을 오르내리기 힘든 철도는 영서까지만 부설되었다. 이 영서지방의 꽃은 춘천인데, 경춘선은 영서의 꽃 춘천과 서울을 잇는 교통의 중심이었다.

경춘선은 1939년 부설되었다. 이때 경춘선의 철로는 구불거렸다. 장애물이 있으면 돌아가고 피해 가고 그랬기 때문이다. 그리고 단선單線이었다. 서울에서 춘천으로 가는 기차도, 춘천에서 서울로 가는 기차도 모두 하나單의 철로 위를 달렸다. 상행열차와 하행열차가 하나의 철로를 같이하여 달리면 어느 순간 충돌하고 마는 것이 운명. 그래서 이 파국적 운행을 피하기 위해 정해진 구간이나 간이역 등에서 상행열차와 하행열차는 잠깐 동안 교행을 위해 정차했다. 그래서 단선철도였던 경춘선에서는 서로 마주 달리는 기차를 보지 못했다. 먼저 온 기차는 맞은편 기차가 올 때까지 기다렸다. 이 교행을 위한 잠깐 동안의 짬에 여행객들은 바깥바람을 들이마시거나 막국수를 후루룩거렸다. 구불거림과 느림 그리고 기다림이 단선철도 경춘선의 정체성이었다.

2010년 경춘선은 새로워졌다. 디젤연료의 무궁화호가 달리던 단선철도는 전기의 힘으로 기차가 달리는 복선複線전철이 되었다. 상행과 하행 모두의 철로가 부설되었다. 기존 단선철로 일부의 곧은 부분만이 새로운 철로에 승계되었고, 구불거리는 구간은 끊어내고 산의 옆구리를 헐거나 뚫어서 곧고 가지런히 정리하여 새로운 철로에 연결했다. 구불거리는 경춘선이 곧게 펴졌고 그 위를 달리는 전철은 전기의 힘으로 곧게 뻗은 철로 위를 빠르게 달릴 수 있게 되었다. 운행 횟수는 늘어났고 속도는 빨라졌으며 여행객들은 편해졌고 지불

"2008년의 김유정역사, 제 역할을 담담히 수행했던 작은 역은 조촐하게 아름다웠다."

해야 되는 비용은 줄어들었다. 구불거림과 느림과 기다림의 경춘선은 곧고 빠르고 편리함의 경춘선으로 일신했다.

그러나 나는 구불거림과 느림과 기다림의 가치를 곧고 빠르고 편리함의 가치와 비교하기 어렵다. 잊혀져가는 것들 또는 스러져가는 것들의 기억과 향수는 눈물겨운 것이나, 새롭고 편리한 것들에 대한 기대와 설렘을 괴롭다고 말하기는 어렵다. 그러나 나는 구불거림과 느림과 기다림의 정서가 맹목의 속도에 함몰되어 있는 우리에게 삶을 돌아볼 수 있게 한다고, 그렇게 믿고 있다. 아니, 확신한다.

스러져가는 폐역들

구불거리는 경춘선 위에 있던 오래된 기차역들은 폐역되었다. 백양리역도 강촌역도 김유정역도 남춘천역도 그리고 춘천역도 폐역으로 남겨졌다. 늙은 기차역들은 새로운 기차역 옆에 아직까지는 기신거리며 머물러 있지만 곧 가뭇없이 사라질 것으로 보인다. 그 남루한 모습이 위태로워 보인다.

경춘선의 부설과 오래된 기차역들은 함께했었다. 이 늙은 역들은, 한두 해 전 새로 지어진 역들에게 제 역할을 양보하기 전까지, 그 늙음의 고요함으로 영서를 여행하는 여행객들을 조용히 받아들였다. 백양리역, 강촌역, 김유정역, 남춘천역 그리고 춘천역 등 경춘선 선로를 지켜온 반세기의 흔적이 묻어 있는 근대의 기차역들은 모두 오래되었고 작고 단출한 외양을 하고 있다. '一자'형의 평면 가운데 또는 치우친 한 곳에 입구가 튀어나와 있다. 여행객들을 받아내는 입구 위에는 삼각형의 박공지붕을 얹고 있는데 이 툭 튀어나온 삼각형의 상징성으로 기차역은 정면성을 부여받는다. 저 삼각형 지붕 밑이 입구겠지, 하고 사람들은 그곳으로 표를 사러 들어간다. 그리고 이 정면을 중심으로 대합실, 화장실, 역무원실 등의 부속실들이 놓여 있는데, 이 정도가 이 오래된 역들의 전부다. 이 역들은 여객의 수요가 많지 않으니 클 필요가 없었고, 건축적 또는 미적 욕구에 앞서 최소한의 기능으로 단출하다.

이 늙은 역들은 일제 강점기의 신속한 철도노선 확충을 위한 '표준설계'를 바탕으로 철저히 유형화되어 지어졌다. 근대에 세워졌던 이 땅의 많은 기차역들이 서로 엇비슷하게 생긴 이유는 이와 같은 표준화된 매뉴얼에 따라 설계되었기 때문이다. 그러나 이 기차역들을 몰개성하다고 말하기 어렵다. 각자의 역들은 그 비슷한 생김에서도 세부적 형태와 비례 그리고 재료의 색채, 질감 등의 차이와 주변환경과 어울리는 적절한 볼륨의 조합 등을 통해 그 각자의 개별성을 완성하고 있기 때문이다. 백양리역은 강촌역과 달랐고 강촌역은 김유정역과 달랐으며, 또 김유정역은 춘천역과 달랐다. 이 기차역들은 화려하지 않고 크기가 작으며 비슷비슷한 외관을 하고 있으나, 각 역들은 몰개성으로 함몰되지 않고 각자의 고유한 개별성을 이룰 수 있었다. 이제는 폐역이 되어버린 경춘선의 작은 역들은 주변풍경에 안온히 감겨들지 못하고 기신거리며 스러지고 있었다.

구 김유정역의 풍경.
10여 년 전, 춘천 실레마을의 작은 기차역 신남역은 김유정역으로 개명했다.
작은 역이 일궈낸 소담한 풍경은 안온했다.

이제 새로운 기차역들이 들어섰다. 백양리역도 강촌역도 김유정역도 남춘천역도 그리고 춘천역도, 각 역들은 반세기 전과는 비교할 수 없는 경제적 풍요로움 속에서 지어졌다. 짓는 기술 또한 이전과 비교할 바가 아니다. 이 역들은 새로움과 풍요로움의 힘으로 지어졌다. 그러나 이 새로운 역들이 갖고 있는 정신적 빈곤함과 몰개성은 서글프다. 콘크리트 한옥으로 만들어진 김유정역에서 전통을 이야기하는 것은 낯부끄러운 일이고, 뭐라 의미를 걸칠 수 없는 공허한 관습적 설계 방법론에 만들어진 강촌역, 춘천역에서 현대성을 이야기하는 것도 민망하고 허망하다.

단선 철도가 복선 철도로 바뀌고, 산과 강을 피해 가는 선로가 산을 뚫고 강에 다리를 놓아 가로지르는 선로로 바뀐 것은 다만 기술의 진보만을 의미하는 것이 아니며 삶의 방식과 가치관이 더욱 '직선'적으로 변한 것을 의미한다. 그것은 뭐든 더 빨리빨리 해서, 그리하여 좀 더 '효율'적이고, 그리하여 좀 더 많은 '윤택'함을 얻고자 하는 욕망 때문일 것이다. 그리고 그에 맞춰 작고 단출하며 기능에 순전했던 기차역들 또한 크고 '효율'적이며 좀 더 '편리'한 전철역들로 바뀌었다. 그러나 그 바뀐 역들은 무미건조하며 몰개성하다. 이는 새로운 전철역들의 설계가, 그 수준에 있어서는 일제시대의 '표준설계'에 비해 더 나을 것이 없을 뿐 아니라, 커진 덩어리와 달라진 삶의 방식과 시스템에 대한 몰이해에서 비롯되었기 때문이다. 방향 잃은 눈먼 속도와 질적 고려 없는 양적 성장을 여기 작은 기차역들에서도 확인해야 되는 일이 지겹고도 고달프다.

어찌되었든 오늘도 춘천 가는 기차는 달린다. 아니 전철은 달린다. 구불거리는 철로는 곧게 펴지고 달리는 속도는 빨라졌지만, 그래도 춘천으로 이르는 그 한적한 풍경만은 아직 유효해 보인다. 경춘선의 풍경이여, 그만큼은 영원하라.

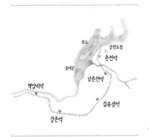

무궁화호가 달리던 경춘선은 북한강 물줄기와 지형의 굴곡에 따라 이리저리 꼬부라져 있었다. 이제 전철이 달리는 복선전철의 경춘선은 곧은 직선과 완만한 굴곡으로 이어져 새로운 기차역들을 꼬치 꿰듯 꿰고 있다.

3부 form follows function, 그 납작한 허망함을 딛고

실레마을

경춘선 전철을 타고 가다가 김유정역에서 내린다. 김유정역은 소설
가 김유정의 이름을 빌려와 제 이름으로 삼았다. 그전까지 이 기차
역의 이름은 신남역이었다. 김유정이 나고 자란 마을임을 알리고 또
기리기 위해 2004년 12월 신남역은 김유정역으로 개명했다. 사람
이름을 따른 우리나라 유일의 기차역이다. 이 역은 강원도 춘천시
신동면 증리 일대에 있는데, 행정명칭 '증리'보다는 김유정이 나고
자란 '실레마을'이 더 정겹게 다가온다.

　김유정은 춘천 실레마을에서 나고 자랐다. 그의 소설 봄봄, 동백
꽃, 만무방 등에 나오는 모든 곳이 이곳이다. 이 작은 마을을 배경으

김유정문학촌을 구성하고 있는 김유정생가와 김유정기념관.
김유정생가는 목조로 복원된 초가이며
김유정문학기념관은 새롭게 지은 콘크리트 기와집이다.

OTOLLO

로 지지리도 가난한 민초들의 이야기가 해학으로 펼쳐진다. 김유정의 글에서 찢어지는 가난 속의 인물들은 마냥 비애로 빠져들지 않으며 오히려 생의 기운으로 발딱거리며 신명으로 살아난다. 이 발딱거리는 소설 속의 생동감과는 달리 지금의 실레마을, 춘천시 신동면 증리는 한가한 시골마을로 조용하다. 이 마을에는 김유정을 기억하는 김유정문학촌이 있다. 김유정문학촌은 김유정 (복원)생가와 그를 위한 기념관으로 조성되어 있다. 김유정 생가는 목조로 복원된 초가이며 김유정기념관은 새롭게 지은 콘크리트 기와집이다.

김유정기념관이 콘크리트 한옥으로 지어진 이유를 추론하기는 어렵지 않을 듯하다. 대략 다음과 같은 생각의 과정을 거쳤을 것으로 짐작된다. 김유정은 옛날사람, 옛날은 전통, 전통은 한옥. 마치 원숭이의 빨간 엉덩이부터 높으면 백두산까지 생각이 이어지듯이, 매우 납작하며 2차원적 사고의 전개를 통해 김유정기념관은 한옥으로 지어졌을 것이다. 그런데 목구조의 진짜 한옥으로 지으려다보니 공사비가 콘크리트 집보다 몇 배나 비싸다. 게다가 휘휘 돌아다니며 기념물을 봐야 하는 기념관의 입식공간이 좌식공간의 한옥과 또 맞지를 않다. 그래서 콘크리트로 네모난 상자를 만들고 겉에 나무색 페인트를 칠하고 지붕에는 기와를 얹었다(라고 나는 단언할 수 있다). 확신하건대, 콘크리트 한옥 기차역인 김유정역도 이 혐의에서 벗어날 수 없다. 콘크리트로 집짓는 방식을 받아들인 근대 이후, 콘크리트 한옥은 전통이란 개념 또는 가치를 건축과 접목시키기에 가장 손쉬운 방법이었다. 전통은 반드시 시각적 특질을 재현^{representation}하는 것을 전제로 해야 한다는 강박이었다. 이 외곬의 강박증은 오늘까지 여전하다.

어떤 강박장애

100여 년 전, 서구의 '선구적'이라고 불렸던 일단의 건축가들(건축역사에서 그들은 일반적으로 '근대주의 건축가^{Modernism architect}' 또는 '근대주의자^{Modernist}'라고 불린다)과 그들의 추종자들은 형태는 기능에서 비롯된다고 굳게 믿었다. 형태는 기능을 따른다. 그들에 따르면 건축의 형태는 필연적으로 그렇게 될 수밖에 없는 분명한 근거에서 비롯되어야 하는데, 그들에게 있어 그 근거란 기능^{function}이었다. 모더니스트들은 세상을 개조해 나가는 열망에 찬 기능에 경도되어 있었다.

이 근대적 교리에 익숙한 이 나라의 건축가들은 그래서 형태와 기능 사이에 어떠한 관계도 설정할 수 없는 콘크리트 한옥을 경멸하고 또 조롱한다. 그 경멸과 조롱은 너무 가혹해 보이는데, 그 맹렬한 비난 뒤에서 그들은 '전통이란 무엇인가'라는 물음 앞에서 식은땀만을 흘리고 있다. 이 맹렬한 경멸과 대안 없는 식은땀 사이에서 콘크리트 한옥에 대한 비난만은 더욱 격렬해지며 그 격렬해지는 비난은 또 다른 강박증으로 굳어진다.

이 땅의 건축은 근대라는 시간을 통과하며 전통과 현대 사이에서 개벽했다. 이 개벽의 간극은 너무 깊고 넓었다. 이 땅의 거의 모든 건

3부 form follows function, 그 납작한 허망함을 딛고

축가들은 전통과 현대 사이에 펼쳐진 이 고해의 바다를 건널 수 없었다. 그들은 거의 대부분 그 무간지옥의 바다에 빠져 허우적거릴 뿐이었다. 70, 80년대 우리 건축판에 불같이 일었던 전통 또는 한국성에 대한 논의는 어떤 성과도 내지 못한 채, 터부와 회피 또는 기피의 대상으로 굳어지면서, 다만 콘크리트 한옥에 대한 맹렬한 적의만을 세련되게 단련시켰다.

그런데 형태는 기능을 따를 수도 있고 그렇지 않을 수도 있다. 이 세상 형태 있는 모든 것들이 어떤 필연성에 의해서만 꼴 지워지는 것은, 당연히 아니다. 건축의 형태는 대단히 자의적인 것일 수 있다고, 그래서 어떤 경우 그 자의성에서 건축의 창조적 가치가 보다 선연하게 떠오를 수 있다고, 이 시대 건축계의 지성 라파엘 모네오[José Rafael Moneo Vallés, 1937~]는 말한다.

> 저의 싸움, 저의 열망, 아니, 제가 가지게 된 인식은 건축 역사 속에서 건축은 어떤 불가피한 결정론적 사고를 통해 만들어지지 않았다는 점입니다. 그것이 아주 구체적인 필요에 의한 건축이었다 하더라도 자의적으로 형성되거나 혹은 다른 여러 형태 중에서 선택되었을 여지는 얼마든지 있습니다. 그것이 사회와 개인이 흠모하던 어떤 조형적 의미라 해도 말입니다.……변화의 가치라는 것은 세대가 바뀌면서 그들이 갖게 된 새로운 만족, 어떤 새로운 감각 등의 가치를 말합니다. 그런 것들은 새로운 양식뿐 아니라 새로운 무언가를 창조하게 하는 큰 원동력이 됩니다.[7]

강박은 '무엇에 놀라거나 쫓겨 심하게 압박을 느끼거나 어떤 생각이나 감정에 끊임없이 사로잡힘'을 의미한다. 우리가 갖고 있는 전통과 형태, 기능과 형태 사이에 형성된 강박장애는 한 곳밖에 보지 않는 외곬의 시야, 타자를 적극 소환하여 지금의 나와 견줘볼 수 있는 능력 부족에 기인하고 있는 것이 아니겠는가?

내용미가 탈색된 형식미는 공허한 것이지만 형식미가 거세된 내용미 또한 헛헛하기는 마찬가지다. 콘크리트 서까래가 어느 순간 어느 지점에서는 새로운 의미로 찬연히 살아날 수 있음을, 그리고 건축의 형태가 어떤 필연성에 의해서만이 아니라 자의성에 의해서도 충분히 의미 있게 꼴 지워질 수 있음을 우리는 생각해볼 수 있다.

김유정기념관의 네모반듯한 민짜의 공간은 무료하고 공허하며, 기어코 콘크리트로 서까래를 만들어 단청을 칠해야 하는 전통에 대한 강박장애는 애석하다. 이 나라 교조적 모더니스트들이 콘크리트 서까래에 보내는 대안 없는 맹렬한 조롱의 강박장애도 애석하다. 성찰 없는 관습적 사고와 강박증에서 벗어나는 것, 더불어 현실에 착근될 수 있는 창조적인 대안의 논의는 아직 멀고 또 멀어 보인다.

---

7 『건축, 형태를 발하다』, 라파엘 모네오 바예스, 이병기 옮김, 아키트윈스

이타미 준은 그의 아버지의 나라이자 자신의 모국인 이 땅 위에 민속적 모티브 가득한 몇몇의 건축물들을 설계했는데, 그 건축물들은 토속적 정취를 물씬 풍기며 주변 풍경 속에 스며들어 있다.

그러나 이제 우리는 전통과 기능 그리고 형태의 관계를 적절히 엮어
낸 우리의 몇몇 실증적 건축물들을 갖게 되었다.

서구의 미와 한국의 미를 자유롭게 엮어 나갔던 김중업. 그는, 비
단 프랑스대사관뿐 아니라, 그의 많은 작업 속에서 우리 전통 건축
의 형태와 조형을 은유의 방식으로 풀어냈다. 그는 전통의 형태적
메타포를 자유자재로 구사하며 우리 눈에 익은, 우리 눈을 찌르며
착 감겨드는punctum 건축물들을 여럿 설계했다. 한국의 미적 정서에 탐
닉했던 이타미 준. 그가 조국에 설계한 최초의 건축물인 온양민속박
물관 구정미술관(현재 명칭 '구정아트센터')은 콘크리트 지붕 위에 기
와를 얹었다. 기와는 반듯이 서까래와 평고대의 형식 위에서 얹혀야
한다는 강박이 그에게는 없었던 듯하다. 이타미 준은 그의 아버지의
나라이자 자신의 모국인 이 땅 위에 민속적 모티브 가득한 몇몇의
건축물들을 설계했는데, 그 건축물들은 토속적 정취를 물씬 풍기며
주변 풍경 속에 스며들어 있다.

콘크리트로 채를 나누며 우리 오래된 공간들의 특질을 새롭게 만
들어 나가는 이일훈. 그는 밝맑도서관의 마당을 구획하고 있는 구조
물을 (전통적인 방식과 형상으로) 배흘림된 기둥과 들보로 짜맞춤하였
다. 그러나 그 위에는 기와 대신 철재 판을 올렸다. 기와와 보토의 하
중 부담과 유지관리의 편의 때문일 것이라고 생각되는데, 이일훈은
새로운 형식을 표현하는 데 두려움을 갖고 있지 않았다. 그는 비움

에 깃드는 삶에 맹렬히 집중하며, 그때그때 상황에 따른 적절한 형식을 여유롭게 구사하며 여기저기에 안착하는 여러 집들을 만들어 왔다.

앞서 언급한 이들의 건축은 전통과 기능 그리고 형태, 그 사이에 펼쳐진 넓은 고해의 바다를 성공적으로 건넌 것으로 보인다. 이 기반 위에서 창조적 대안의 논의를 이어갈 수 있을 것이다. 앎에 있어 내 것과 네 것을 가르는 일은 의미 없고 또 부질없는 일이나, 그 앎으로 생산해내는 문화의 결과물들은 내 것이 다르고 네 것이 다르다. 그럴 수밖에 없다. 그 다를 수밖에 없음 속에 우리의 문화는 만개할 수 있다.

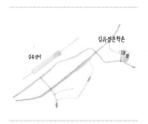

콘크리트 한옥 김유정역 광장에서 김유정폐역 방향으로 걷다가 실레길을 따라 10분 정도 걸어가면 김유정문학촌에 도착할 수 있다. 실레마을 한가로운 정취가 고즈넉하다.

적당히 벌고 아주 잘 살자

전주 풍남문을 중심으로 사방으로 길이 나 있다. 풍남문 1길과 풍남
문 2길 사이에 재래시장이 하나 있는데, 이름은 전주 남부시장. 남부
시장은 대형마트들의 무차별적 확장과 공격적 영업으로 말라 죽어
가는 다른 지방의 재래시장과는 다르게 활기차 보인다. 나는 뜨내기
여행객이기에 이 활기가 눈에만 보이는 표면적인 활기인지는 모르
겠으나, 언제 숨통이 끊어질지 모르는 다른 재래시장과는 조금은 달
라 보인다.

남부시장의 오래되고 노후화된 시장 건물의 2층에는 문화관광체
육부의 후원과 일단의 젊은 장사꾼들에 의해 주도되는 전통시장 활

성화 프로젝트가 진행 중이다. 이름하여 '문전성시 프로젝트'. 재래 시장에 손님을 바글바글거리게 하는 것이 이 민관 협력 프로젝트의 핵심이다. 가끔 관에서 이런 기특한 일도 한다. 프로젝트 핵심에 있는 청년 장사꾼들의 일터 이름은 '남부시장 청년몰 레알뉴타운'이다. 청년몰의 모토는 이렇다.

'적당히 벌고 아주 잘 살자.'

끝내주는 모토다. 그리고 감동적이다. 쉽고 간단하면서도 추구하는 바가 명확해서 감동적이다.

이에 비해 조금 덜 쉽고 조금 더 딱딱한 이야기지만, 35년 전쯤 미셸 보스케라는 사람이 〈에콜로지스트 선언〉이라는 것을 발표했다. 과잉생산과 과소비로 지탱되는 자본주의가 한계에 달했다는 것, 그래서 이를 대체한 새로운 삶의 방식이 절실하다는 것이 선언의 요지다.

> '보다 많이'와 '보다 나은' 사이의 관계는 단절되어버렸다. '보다 나은' 것은 보다 '적은 것'을 가지고 획득할 수 있다. 만인이 그것을 손에 넣어도, 극복할 수 없는 공해와 희소성을 낳지 않으며 보다 내구적인 물품을 생산하기만 한다면, 사람들은 보다 적게 일하고 보다 적게 소비함으로써 보다 잘 살 수 있는 것이다. '만인이 향유할 때 누구에게도 쓸모가 있는 것만이 사회적으로 생산될 가치가 있으며, 그 역逆도 또한 성립한다.'

미셸 보스케의 이야기는 남부시장 청년 장사꾼들의 주장과 서로 같은 맥락이다(라고 나는 생각한다). 오늘의 사회 구조란 것이 얼마나 소비를 다그치고 또 강요하고 있는지, 뭐든 사라는 광고로 넘쳐난다. 극단적 소비자본주의의 속성은 그렇다. 나는 팔 것이니, 너는 사리라, 그로 인해 세상은 구원받으리니. 종교적 수준의 소비사회. 이렇게 매일 우리에게 일상처럼, 너무나도 당연하게 반복되고 있는 소비압력은 우리가 생각하는 것보다 훨씬 더 구조적이고 정교하며 거대하다. 안 사면 시대에 뒤떨어진 것처럼, 저 비싼 물건으로 내 정체성을 확보해야만 되는 것처럼, 저것이 있어야만 반드시 나의 편의가 충족되는 거처럼, 공격하듯 쏟아지는 소비압력에 노출된 우리들은 피곤하다. 많이 소비하는 것이 보다 나은 생활을 의미하는 것이 아님을 알고는 있지만, 이 거대하고 정교한 소비압력에 우리가 무의식적으로 휘둘리고 있는 것은 너나 나나 예외가 아니다.

이 지점에서 한 번 쉬어서 생각해보자는 것이, 미셸 보스케의 선언이고 남부시장 청년 장사꾼들의 주장이다(라고 나는 생각하는데, 아니라면 청년들께 죄송하다). 청년 장사꾼들이 외치는 '적당히 벌고'의 '적당히'의 경계는 모호한 것이지만 '떼돈 벌자'가 아닌 것은 분명해 보인다. '아주 잘 살자'의 '아주 잘'의 경계 또한 모호하지만, 이 말에서는 물질적인 냄새보다는 정신적 또는 정서적 냄새가 더 짙다.

미셸 보스케가 말하는 '보다 적게 일'하는 것이 어디 나태와 태만과 게으름을 의미하는 것이겠는가? '보다 적게 소비'하는 것이 어디 지지리 궁상만을 의미하는 것이겠는가? '보다 잘 살 수 있는 것'이 어디 물질적 풍요로움만을 말하는 것이겠는가?

적당히 버는 것과 보다 적게 일하는 것은 노동의 존엄을 알고 자

청년몰 레알뉴타운으로 남부시장 전체의 생기가 살아난다.

신의 삶을 돌아볼 수 있는 지점일 것이고, 아주 잘 사는 것과 적게 소비하는 것은 과시적 소비 또는 소비압력에서 자유로운 현명한 소비를 실천하는 지점일 것이다. 청빈낙도, 안빈낙도 같은 말들을 주워 담는 것이 아니다. 그런 말들은 지금 내가 할 수 있는 말이 아닌 듯하다. 밥벌이하면서 적당히 쓰고 적당히 마시고 적당히 놀면서 살면 좋겠다. '청년몰'의 청년 장사꾼들이 어떤 TV다큐멘터리 프로그램에 나와서 말했다. 우리는 행복하다고.

재래시장, 오래전부터 원래 그래왔던 시장의 골격

시장은 선線적이다. 시장은 길을 따라 열려 있다. 마치 나뭇가지에 감 열리듯 꽃 열리듯 길의 선형을 따라 상점들이 열려서 시장은 만개한다. 그것이 오래전부터 원래 그래왔던 시장의 골격이다. 그래서 재래在來시장이라 부른다. 전주 남부시장을 걷는다.

시장은 길을 따라 춤을 추듯 살아난다. 시장의 길은 자동차를 위한 길이 아닌 사람의 걸음과 속도를 받아내는 길이다. 우리는 장바구니를 손에 들고 시장통 구불한 길을 걸으며 장을 본다. 그래서 장 보기의 속도는 걷는 속도보다 빠를 수 없으며 그 규모는 두 팔의 완력을 벗어날 수 없다. 시장에서 대파나 무, 배추, 호떡, 닭튀김 등을 충동구매하는 아주머니는 그래서 찾아보기 힘들다. 재래시장은 그 만들어진 꼴과 골격으로 소비의 방식과 규모를 결정하고 있다.

재래시장에서는 팥죽집 할머니도 사장님, 냄비집 아저씨도 사장님이다. 재래시장에서는 종업원들의 수보다 사장님들의 수가, 아마 더 많을 것이다. 시장의 길을 따라 열려 있는 작은 상점들은 유통과 판매의 방식을 상점주인 개개인이 결정하며, 그 판매에 대한 책임과 결과 또한 상점주인 개개인에 귀속된다. 재래시장에 기대어 삶을 꾸리는 작은 상점들의 사장님들은 자신의 노동에 대한 방식을 스스로 결정해 나가고 그 노동에 대한 대가에 대해 스스로 책임진다. 이 자족적인 사장님들의 삶의 터전이 대형 유통업체들의 공격적인 확장으로 급격히 해체되고 있다. 최장집 선생님께서 『노동 없는 민주주의의 인간적 상처들』에서 이렇게 말씀하셨다.

이마트의 개장이 재래시장 전체에 미치는 영향은 즉각적이었다. 영세상점이나 대리점들의 매출은 절반으로 떨어지고, 시장에 출입하는 사람들의 수가 줄면서 식당들에는 손님이 격감하고 있다는 것이다. 며칠 전 설 대목에서도 청과물과 음식점 매출이 뚜렷이 줄어들었다고 말한다. 상인들은 "이마트 직원 200명을 먹여 살리는 대신 4000명의 우리 상인 가족들의 생계가 위협받게 됐다"고 말한다.

대형마트는 면^面적이다. 대형마트는 계획 초기 단계부터 대량판매, 대량구매를 목적으로 경험적으로 검증되고 체계화된 설계매뉴얼에 따라 계획된다. 대량의 상품을 좌판에 깔기 위해서 대형의 평면을 마련하고 이 광활한 평면 위에 대파, 무, 배추를 포함해서 수도

최장집은 말했다.
"우리에게 자유롭고 인간적인 경제생활의 공간은 얼마나 남아 있는가?"

꼭지, 레깅스, 코털정리 가위에 이르기까지 팔 수 있고 살 수 있는 일상의 대부분의 것들을 진열하고 있다. 대형마트에서는 살 것들이 지천이므로 카트를 밀고 다니며 이것저것 많은 것들을 카트 안에 집어넣는데, 이 많은 것들은 두 팔의 완력으로만 감당할 수 없다. 머천다이저들이 세심하게 배치한 거대한 진열대를 돌아다니면서 카트 안에 하나둘 집어넣다 보면 어느새 카트는 꽉 찬다. 어쩔 수 없다. 그래서 대형마트에는 자동차를 갖고 가야 하는데, 수백 대 또는 천 단위의 차들을 받아내기 위해서 대형마트의 광활한 판매면적 보다 몇 배 더 광활한 주차장을 건물 머리 위에 이고 있거나 엉덩이 밑에 깔고 있다. 대형마트의 꼴과 골격은 대량소비를 위해 결정되어 있다.

대형마트는 법인의 이름으로 종업원을 고용하는데, 법인의 주인은 소수의 개인이다. 그래서 대형마트의 사장님들은 소수고 종업원들은 절대다수다. 대형마트의 사장님들은 기존의 다른 큰 사업들을 거느리고 있는 기존의 사장님들이 대부분이다. 이 사장님들이 돈이 되는 다른 사업을 찾다가 유통업으로 진출하셨다. 그래서 상도덕과 상윤리에 앞서 자본의 효율성과 시장의 자율성이 우선한다. 그것이 대형마트의 가장 확고한 존재기반이다. 그래서 대형마트의 입지는 물불을 가리지 않으며 고용의 질은 이야기할 대상이 되지 못한다. 이 효율성과 자율성은 가차 없고 살벌하며 또 무섭다. 최장집 선생님은 또 이렇게 말씀하셨다.

재벌대기업의 2세, 3세들이 제빵제과점, 커피숍, 순대사업을 비롯해

분식, 떡볶이에 이르기까지 돈 되는 데마다 무차별 진출하여 사회적으로 큰 이슈가 되었다. 이마트, 홈플러스, 롯데마트, 농협유통 등과 같은 대형 유통업체들이 재래시장을 밀어내면서 보통사람들의 삶의 터전을 송두리째 해체하는 일 또한 더 널리, 더 공격적으로 일어나고 있다. 우리에게 자유롭고 인간적인 경제생활의 공간은 얼마나 남아 있는가?

삶의 방식이 건축의 꼴을 결정하며, 이 꼴을 통해 삶의 방식이 지시되기도 한다. 재래시장과 대형마트는 삶의 방식과 건축의 꼴이 서로 끌고 끌리는 관계임을 보여준다.

재래시장은 선이고 대형마트는 악인가? 아니면 대형마트는 선이고 재래시장은 악인가? 이치적 질문이다. 그러나 쟁여놓고 썩히는 소비는 미래 세대에 대한 범죄다. 그리고 불안한 고용 속에 힘겨워하기보다는 적당히 벌고 아주 잘 살기를 바라는, 자족의 삶을 꿈꾸는 작은 가게의 사장님들이 아마 더 행복할 것이다. 그러나, 아! '우리에게 자유롭고 인간적인 경제생활의 공간은 얼마나 남아 있는가?' 작은 가게 사장님들이 잘 살았으면 좋겠다. 청년몰의 청년 사장님들이 잘 사는 세상이었으면 좋겠다. 대형마트 한 번 갈 때, 재래시장 한 번 가자. 아니다. 두 번 가자. 그랬으면 좋겠다.

보물 제308호 전주 풍남문은 로터리에 갇혀 있다. 풍남문 둘레를 차들이 쉴 새 없이 빙글빙글 돌고 있는데, 남부시장은 풍남문 1길과 2길 사이에 펼쳐져 있다. 시장 2층에는 적당히 벌고 아주 잘 살고자 하는 청년들의 밥벌이가 한창이다.

닫힌 미술관에서 열린 미술관으로, 장욱진미술관

귀순하지 않는 화가 장욱진

화가 장욱진은 1917년 충청남도 연기군에서 태어났다. 그는 어려서부터 그림을 그렸으며 성장과 더불어 계속해서 그림을 그렸다. 그리고 그는 그의 나이 스물셋에 일본으로 건너가 서양화를 전공했다.

　서양화를 전공한 장욱진은 고전적 미메시스를 향한 모방과 재현에 몰두하지 않았으며 구상과 추상의 양극단에서 배회하지 않았다. 그는 당시 화단에 불어오던 '일본 바람, 민족적 민속 바람, 미니멀 바람, 극사실 바람, 추상 표현주의 바람, 민중 미술 바람'에 떠밀리지 않고 오직 그의 자리에 서 있었다. 그 많은 바람이 그를 휩쓸 무렵 그는 번잡한 서울을 벗어나 그 바람들이 그와 그의 그림에게 어떤 의

미인지를 고뇌하고자 했다.

장욱진은 그의 중년에 처자식을 남겨두고 경기도 남양주 덕소로 들어가 자신만의 고립된 그림터를 꾸렸다. 그는 전기도 들어오지 않는 열 평 남짓한 작은 공간에서 12년간 혼자서 그림을 그렸다. 중년의 사내가 초로初老를 맞이하는 12년이란 긴 세월 동안 화가가 남긴 그림의 수는 얼마 되지 않는다.

새벽 산책을 마치고 들어와 적막한 한 뼘 공간 속 빈 화폭을 마주할 때마다 장욱진은 늘 암울했던 듯하다. 이 시기의 그는 빈 화폭을 힘겨워했으며 그림의 실마리를 얻지 못했고 그때마다 술에 취했다고 한다. 덕소시절의 장욱진은 당대의 화단을 뒤덮고 있던 앵포르멜 등의 주류 화풍을 실험하며 '나는 누구인가'라는 물음 앞에서 고뇌했다고 유족들은 전한다. 화가인 그에게 '나는 누구인가'라는 고뇌에 찬 물음은 '나의 그림은 무엇인가'라는 질문과 동격이었을 것이다. 그는 그 질문을 12년간 반복했다.

장욱진이 1964년 그린 그림 〈눈〉은 그가 남긴 얼마 안 되는, 형식상으로 거의 완전한 추상에 가까운 그림이다. 이 그림은 묽은 유화 물감의 질감으로 가득하다. 캔버스에는 미끄러지는 붓의 진행 방향이 선명한데, 그 진행 방향이 서로 교차하는 부분에서 물감의 자취는 음영의 결정을 남기고 사라진다. 유족들에 따르면, 이 그림은 장욱진이 덕소의 산하를 뒤덮은 설경을 그린 것이라고 한다. 유족들의 진술이 사실이라면 이 그림은 형식적으로는 완전에 가까운 추상화이나 내용적으로는 완벽한 추상abstraction일 수 없는데, 장욱진이 남

장욱진미술관 벽면 여기저기에 뚫려 있는 창문을 통해
대지 주변 무진장의 풍경이 흘러든다.
장욱진미술관은 그림과 그림 사이에 차경을 끌어들이며
그림과 그림 읽기의 숨 가쁜 독해에 틈을 벌리고 있다.

장욱진미술관의 전경. 뒷산에서 물가로 내려온 동물처럼 산자락 한 곳에 자리잡고 있다.

긴 얼마 안 되는 추상화의 대개가 이러하다. 그는 상像에 대한 사실적 재현에 집착하지 않았으나, 상을 완벽하게 증발시킨 그림 또한 그릴 수가 없었던 듯하다. 그는 그를 휩쓸던 여러 바람들에 대한 12년간의 실험을 작파하고 고립무원의 덕소 생활을 청산했다. 그리고 그는 다시 장욱진 그만의 그림터로 회귀했다.

이후 그는 시골에서 시골로 옮겨 다니며 한 뼘 방바닥에서 쭈그려 앉아 그림을 그리면서 노도의 번민을 벗어내고 그만의 그림밭을 일구었다. 그는 그 밭에 천진무구의 씨를 뿌리며 우리 근현대 화단의 대표작들을 경작해냈다.

장욱진을 위한 미술관

얼마전 경기도 양주시에 시립 장욱진미술관이 개관했다. 건축가 최성희와 로랑 페레이라Laurent Pereira가 설계한 미술관은 양주시 장흥관광지 안에 있다. 방향이 반대인 두 개의 꺾쇠기호(^)를 포개놓은 형상의 미술관은 주변을 압도하지 않으며 '뒷산에서 물가로 내려온 동물처럼' 산자락 한 곳에 자리 잡고 있다.

예술의 여신 무사이Musai에게 바쳐진 신전 무사이온Mouseion은 오늘날의 뮤지엄Museum이 되었다. 애초에 뮤지엄은 신에게 바쳐진 존엄한 공간이었으나 부와 명예를 미술품에 투사하기 시작한 근세에 이르러 먹고살 만한 문화예술애호가들을 위한 수장과 과시의 공간으로 변형되었다. 그러나 시민사회의 찬란한 시작과 더불어 뮤지엄은 우리 대중들에게 가까이 내려올 수 있었다.

미술관^{museum of art, art museum}에서 그림(또는 미술작품)은 어떤 의미인가? 그림은 미술관을 존재하게 하는 주인공인가, 아니면 관람객들에게 보여지기 위한 대상인가? 근세 이전까지의 미술관이 전자였다면 오늘날의 미술관은 후자에 가깝다고 할 것이다. 과시를 위한 전시 또는 전시 자체를 위한 전시에서 관람을 위한 전시로 그 성격이 바뀌었기 때문인데 이제 관람객은 그림을 보는 주체로, 그림은 관람객에게 보여지는 대상으로 자리바꿈하였다.

많은 건축가들은 전시되는 미술작품들의 관람 집중력을 높이기 위해 그들의 건축적 역량을 집중한다. 미술관의 벽은 작품 전시를 위해 하얗고 말끔하게 비워지며 여하한의 구멍도 용납하지 아니한다. 이 하얗고 말끔하며 개구부 없는 반듯한 벽은 미술관의 불문율이다. 그리고 그 벽에 걸린 작품들을 위해 섬세한 채광 및 조명 계획이 수립된다. 자연광은 쉽사리 길들여지지 않는데, 그 길들여지지 않는 이유로 미술관의 자연광을 길들이기 위한 건축가들의 노력은 눈물겹다. 그 자연광을 향한 지난한 노력은 미술관의 외피에 틈을 열어 야생의 직사광선을 은은한 산란광으로 길들일 수 있을 때 완성된다. 산란광으로 부드러워진 미술관은 내부지향적 공간을 완성하고 외부의 환경에 영향 받지 않는 오롯이 관람을 위한 공간으로 굳어진다.

그러나 장욱진미술관은 그림의 관람과 더불어 풍경과 산책까지를 함께 도모한다. 미술관을 설계한 두 건축가는 장욱진미술관 설계의

내부로 흘러드는 자연광은 조절되
어야 한다는 통념은 장욱진미술관
에서 거부되고 있다.

실마리로 '정신이 태어나 자라는 근원적 공간, 가장 기본이 되는 방'을 언급하며, 그 '근원적 방'들을 여러 개 만들고 그 방들을 위계 없이 엮어놓았다. 그 방과 방을 연결하는 사이사이에 장욱진의 그림이 걸려있으며, 그림과 그림을 연결하는 사이사이에는 장흥의 풍광을 담아내는 커다란 창이 뚫려 있다. 일영봉과 마봉과 장흥계곡의 풍경 그리고 미술관 내부 중정의 고요한 정취는 미술관 곳곳에 뚫린 커다란 창을 통해 넘쳐 흘러든다. 미술관의 벽은 뚫린 곳 없이 하얗고 반반해야 하며, 내부로 흘러드는 자연광은 조절되어야 한다는 통념은 장욱진미술관에서 거부되고 있다.

장욱진미술관의 관람객은 로비를 거쳐 1층 전시관을 순회하고 2층으로 오르게 되는데, 다시 자연스레 2층을 순환하여 전시의 종점에 이르게 된다. 비정형적이고 자유분방한 미술관의 형상과는 다르게 관람객의 동선은 비교적 계획적으로 유도되고 있다. 관람객들은 자연스럽게 한 방향으로 유도되고 있으나, 중간중간 경유하는 각 방들에 쏟아지는 초록 풍경의 여유로 관람객들은 숨 가쁘게 내몰리지 않는다. 그림과 풍경이 뒤섞이며 관람과 산책이 뒤섞인다. 미술관은 그림과 풍경 그리고 관람과 산책을 함께 엮어내고 있다.

그림은 화가의 사유 또는 관념 또는 의지가 화폭에 투사될 때 탄생한다. 그리고 그림은 관람객들에게 보여질 때, 보는 이들의 그림 보기로 다시 한 번 탄생한다. 수용미학은, 그림은 단지 화가의 것이 아니라, 보는 이의 것이기도 하다는 것을 의미한다. 장욱진미술관은 여기에 더해, 화가와 관람객 사이에 시간을 삽입시켰다. 그 시간은 이번 그림과 다음 그림 사이의 간격인데, 그 간격은 장흥의 풍경으로 메워져 있다. 장욱진미술관은 이제 화가의 그림과 관람객의 그림 사이에 차경借景을 끌어들이며 그림과 그림 읽기의 숨 가쁜 독해에 틈을 벌리고 있다. 이 틈은 장흥의 유려한 풍경으로 인하여 가능할 수 있었던 것으로 보이는데, 이 틈으로 장욱진미술관은 찬연히 살아난다.

장욱진의 그림은 구상과 추상 사이에 걸쳐져 있다. 그의 그림은 기름으로 그려졌으나 수묵의 농담을 담아내고 있으며, 그의 그림 속에 그려진 집과 방과 공간들은 한 점의 소실점으로 수렴되지 않으며 무한한 공간을 도모한다. 장욱진은 그 천진무구한 화풍으로 이 땅의 정서와 서정을 화폭으로 옮겨냈다. 그의 그림이 걸린 미술관은 오지랖을 넓히며 그림과 더불어 풍경까지를 챙기고 있는데, 그 수법이 적절하여 그림과 풍경, 관람과 산책을 성공적으로 엮어내고 있다.

장욱진과 그의 그림 그리고 그의 그림이 걸린 미술관은 붙박인 주류의 한 곳으로 귀순하지 아니하며 그 자유분방함으로 그림과 미술관을 서로 살리고 있다.

양주시 장흥면에 장흥관광단지가 있다. '국민들의 건전한 여가생활을 위한 휴식공간을 조성'하려는 국가의 의지로 만들어졌는데, 수려한 경관과 맑은 계곡이 더해져 관광객들로 흥청거린다. 관광단지 한가운데 장욱진미술관이 있다.

풍경 위 우뚝한 미술관에서 대지의 풍경으로 사라지는 미술관으로, 박수근미술관

길의 정서와 다리의 정서 그리고 터널의 정서

양구는 멀다.

내게 양구 하면 떠오르는 이미지는 심산구곡의 눈밭이 전부였다. 내 군생활은 짠내 나는 인천 도심이었으나 내 많은 친구들은 양구의 깊고 깊은 산중에서 젊음의 이태하고도 두 달을 더 보내야 했다. 또래보다 한두 해 늦게 군대 간 나는 가끔 양구로 찾아가 그들을 면회하고 구원해야 했다. 후배들과 버스를 타고 가는 양구는 춥고 멀었다.

양구로 가는 길들은 높고 험한 심산구곡의 가파른 등사각을 감당할 수 없기에 이리 휘고 저리 꼬부라지고 해야 했다. 백두대간의 등줄기를 타고 넘어가는 길은 멀미가 나는 곡선의 길인데, 이제 기술의 진보는 그 산허리 한중간을 뚫어서 이쪽과 저쪽을 바로 연결시키고 있다. 양구 터널과 배후령 터널 또는 미시령 터널과 대관령 터널의 컴컴한 어둠 속을 뚫고 나오면 내 위치는 어느새, 그 터널 위에 쌓여 있는 산무더기 높이에 대한 공간적 높이 변화를 지각하지 않고서도, 순식간에 이쪽에서 저쪽으로 옮겨져 있다. 스무 살 초반 양구 가는 길과 서른 살 중반 양구 가는 길은 지도상의 직선거리는 변하지 않았으나 삼차원의 공간적 체험은 바뀌어 있다.

토목공학은 공간과 시간을 압축적으로 운용하는 데 목적이 있다. 도로와 다리와 터널은 이쪽과 저쪽을 연결하는 데 존재 이유가 있다. 토목공학은 갈 수 없는 곳을 갈 수 있게 해주거나, 갈 수 있으나 험한 정도를 낮춰서 위험성과 이동시간을 줄여준다. 도로는 그중에서 가장 유순하게 흘러간다. 땅에 눌어붙어 곧게 뻗어 나가기도 하고 장애물이 있으며 이리 휘고 저리 꼬부라지기도 한다. 반면 다리와 터널은 땅의 형상 위에 그대로 포개어지지 않는다. 그것들은 이쪽과 저쪽을 직선으로 연결하기 위해 구축된다. 다리는 이쪽과 저쪽을 가로지르는 직선에 가까운 구조물이며 터널은 이쪽과 저쪽을 가로지르는 직선에 가까운 구멍이다.

외향적인, 진보적인, 원심적인 사회일수록 토목공학은 진일보했다. 로마가 그러했고, 개척시대의 미국이 그러했고, 새마을운동시대의 우리나라가 그러했다. 토목공학은 사회의 공익을 목표로 공간과 시간을 압축시킨다. 토목공학이 만들어낸 도로와 다리와 터널에 이 지역과 저 지역은 고루고루 연결되고 그 연결의 바탕 위에서 물질적

3부 form follows function, 그 납작한 허망함을 딛고

인 것들뿐 아니라 정신적인 것들도 오고 가며 소통한다. 그러나 도로와 다리와 터널 위에서 맞이하는 그 오고 감의 정서는 도로와 다리와 터널이 서로 제각각이다.

길도로(道路)는 모든 길(道)과 길(路)이다은 땅의 형상에 눌어붙어 적응하며 이쪽과 저쪽 사이에 펼쳐진 무진장의 풍경을 모조리 끌어당긴다. 그러나 다리는 이쪽과 저쪽의 풍경들을 매우 압축적으로 축약하는데 터널은 그마저도 모조리 버리고 오로지 컴컴한 구멍을 가로질러 저쪽으로만 연결될 뿐이다. 다리와 터널은 공간과 시간을 경영하며 편리를 거머쥐었으나 그 인공의 완강함은 풍경과 과정의 정서까지를 함께 챙길 수가 없었다. 강원도를 지배하는 느리고 돌아가는 길의 정서는 빠르고 곧게 가는 다리와 터널의 정서로 대체되어가고 있다. 강원도 첩첩산중에는 수많은 다리들이 놓이고 구멍들이 뚫렸다.

아주 오래전, 토목공학이란 근대적 학문 명칭의 유무와는 상관없이 길과 다리는 당연히 인간이 사는 곳 어디에도 있어왔다. 백두대간의 험준한 산맥 위에도 굽이굽이 오래된 길과 드문드문 다리가 있었고, 이 길과 다리를 통해 기호지방의 선진문물은 변방의 영동으로 흘러들었고 영동의 준재들은 이 길을 넘고 다리를 건너 한반도 정치의 중심지로 진입했다. 이율곡과 허균은 강원도의 구불거리는 길과 다리를 무수히 오르고 내렸을 것이다.

양구에서 나고 자란 박수근 또한 마찬가지였다. 양구의 가난한 화가 박수근은 그가 그린 그림을 선전(조선미술전람회)과 국전(대한민국미술전람회)에 출품하기 위해서 강원도 산줄기의 꼬부랑길을 오르

내렸을 것이다. 그는 이 꼬부랑길을 넘으며 양구와 강원도 심산구곡의 풍경과 정서를 받아들였고 다시 그의 그림 속에 그것들을 새겨 넣었다. 박수근의 그림을 지배하고 있는 고졸한 미적 정서는 아마도 양구와 강원도의 구불거리는 길 위에서 완성되었을 것이다.

박수근 마티에르의 미술관

박수근은 1914년 양구의 가난한 농가에서 태어났다. 가난한 농사꾼의 집에서 어린 박수근에게 그림을 가르칠 수 없었다. 박수근은 오로지 혼자서 그림을 그려야 했는데 구한말의 혼란과 전쟁의 난리 속에서 청년 박수근은 여기저기를 떠돌며 계속해서 혼자서 그림을 그려야 했다. 고향 양구로 돌아온 뒤에도 박수근은 줄기차게 혼자서 그림을 그렸다.

  박수근이 맹렬히 그림을 그렸던 1930~40년이란 시간은 고희동, 김관호, 김찬영과 같은 근대 한국화단의 1세대 서양화가들이 건넜던 가시밭길 그 너머에 있다. 그들 1세대들은 전통과 근대, 동양과 서양, 종이와 천, 물과 기름이란 격절의 간극 속에 펼쳐진 아수라를 통과해 나가며 이리 부딪히고 저리 부딪히고 했다. 그들은 넘어지고 비틀거리며 만신창이의 몸으로 아주 조금씩만 나아갈 수 있었는데, 대부분 갈피를 잃고 쓰러지거나 왔던 길을 더듬거리며 다시 되돌아가기를 반복했다.

관람객들은 미술관을 바라보며 쭈그리고 앉은 박수근 상(像)과 대면하게 된다.

오직 혼자서 그림을 배우고 그렸던 박수근은 이것과 저것 사이에서 갈등하지 않았다. 그의 그림은 교조적이거나 관습적이거나 또는 도식적일 수 없었다. 그는 종이와 천, 한지가 아닌 캔버스를 선택하는 데 주저함이 없었으며, 물과 기름 그러니까 수묵과 유채 사이에서 고뇌하지 않았다. 그는 캔버스에 유화물감을 짓이겨 바르며 그만의 새로운 그림 바탕의 터전을 일구어 나갔고 그 터전 위에 검은색과 흰색과 갈색 그리고 그 색들 사이에 태어난 무수한 이종의 황토색들을 뿌려가며 박수근만의 그림밭을 경작했다.

　박수근은 그만의 바탕 질감을 만들기 위해 빈 캔버스 위에 흰색 유화물감을 가로로 바르고 세로로 덧칠하며, 다시 가로와 세로로 수차례 덧칠하면서 우둘투둘한 마티에르[8]를 마련했고 여기에 윤곽과 색을 새겨 넣어 그림을 완성했다. 그의 그림이 전해주는 거친 화강석 질감의 마티에르와 무수한 변종의 황토색들은 양구와 강원도의 자연 속에서 짜여 나온 듯하다. 박수근은 이 거친 질감 위에 여러 계통의 황토색들을 발라가며 빨래하는 아낙들과 아이 업은 소녀와 초가의 둥근 지붕을 그려 넣었다.

　박수근이 살아서 그림 그렸을 때 이 나라 화단과 대중은 그를 주목하지 않았다. 그러나 그의 몰후[死後], 그의 그림은 이중섭의 그림과 더불어 한국 근대화에 독보적 위치에 자리매김되었으며 많은 사람

8　마티에르(matière) : 예술작품의 물질적인 재료, 소재, 재질 혹은 재질감. 일반적으로 표현된 대상 고유의 재질감을 가리킨다. 또한 작품표면의 울퉁불퉁한 질감 자체 혹은 회화기법필치, 물감에 따라 야기되는 화면의 표면효과를 의미한다. 『세계미술용어사전』

들의 열렬한 지지를 받게 되었다. 그의 고향 양구군과 박수근 선양 사업추진위원회는 화가 박수근을 기리기 위한 미술관을 건립했다. 건축가 이종호가 박수근미술관을 설계했고 2010년 미술관은 개관했다.

박수근미술관은 박수근의 생가가 있을 것으로 추정되는 논과 밭 위에 지어졌다. 논과 밭 천지인 미술관 부지 바로 옆에는 유순하게 엎드려 있는 작은 둔덕이 있다. 박수근미술관은 이 작은 둔덕에서부터 시작된다. 건축가 이종호는 수평의 논밭에 유순하게 융기해 있는 작은 언덕을 받아들였고 이 언덕을 미술관의 시발점으로 삼았다

박수근미술관은 대지 위에 불뚝 솟아올라 있지 않다. 미술관은 작은 둔덕 끝자락에서부터 슬그머니 연결되어 화강석의 긴 벽면으로 이어지며 천천히 곡선으로 휘어지다 사라진다. 이 거친 화강석 벽면은 박수근 마티에르의 건축적 은유로 다가오는데, 이 곡선의 완만한 벽면을 따라 천천히 걷다보면 곡선 벽면이 사라지는 어느 순간 미술관의 안마당에 이르게 된다. 건축가는 관람객들을 불뚝 솟은 미술관의 정면 파사드로 유혹하지 않고 계획된 동선으로 끌어들인다. 박수근 그림의 마티에르 같은 화강석 벽면을 옆에 끼고 천천히 걷는 동안, 관람객들은 양구 산하의 정서와 박수근 그림의 바탕 분위기를 선先체험하게 된다.

그렇게 도착하게 되는 미술관의 앞마당은 땅의 굴곡과 작은 천을 그대로 받아들이고 있다. 진입로에서 느껴지는 단순한 벽면은 안으로 꼬부라지며 내밀한 공간을 형성하는데, 그 안마당은 둥글게 말아

진 곡선과 작은 둔덕으로 둘러싸여 오목하며 아늑하다. 여기서 관람객들은 미술관을 바라보며 쭈그리고 앉은 박수근 상像과 대면하게 된다. 그리고 이제 관람객들은 미술관 안으로 인도되어 박수근의 삶과 그림들을 받아들이게 된다.

박수근미술관은 건축적 형태와 조형 그리고 미술관이란 기능적 요구에 대한 관성에서 벗어나, 땅의 형상을 미술관의 바탕풍경으로 끌어들이며 그 땅으로부터 박수근 그림의 미적 정서를 미술관 온 몸통에 새겨 넣는 데 성공했다.

대지의 풍경으로 사라지는 미술관

거석문화와 남근숭배는 힘과 지배의 사유에서 비롯된다. 크고 불뚝하고 또 우뚝한 것들은 오로지 크고 불뚝하고 또 우뚝함에 미덕이 있다. 그것들은 그 이외의 것들을 소외시키며 또 남루하게 만든다. 그 소외를 발생시키는 힘과 남루하게 만드는 힘이 거석과 남근을 향한 애태움의 근간이다. 인류의 불끈 솟은 기념비적 건축은 이 거석숭배과 남근숭배의 열렬한 미메시스에서 탄생했다. 근대 이후의 마천루는 꼭 그 연장선 위에 서 있다. 불뚝하고 우뚝한 건축은 그 놓인 주변의 것들을 소외시키며 그 스스로의 힘과 지배를 강화한다.

박수근미술관은 대지 위에 불끈 솟아 있지 않으며 작은 둔덕 끝자락에서부터 시작하여 곡선으로 휘어지다 어느 순간 사라진다. 박수

박수근미술관의 울퉁불퉁한 화강석 몸통은
강원도 산하의 정서와 박수근 그림의 마티에르를
함께 버무려 응축하고 있다.

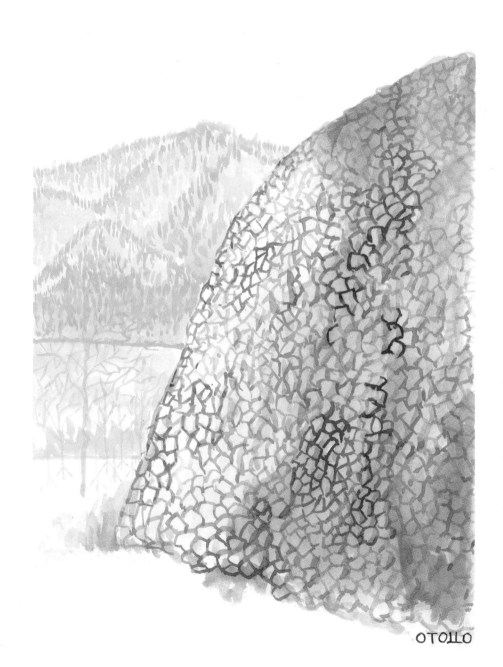

OTOLLO

근미술관은 그 스스로 반짝이는 오브제로의 미술관 풍경을 이루지 아니하며 그 놓인 땅에 기대어 대지의 풍경으로 스며든다. 박수근미술관은 불뚝과 우뚝의 풍경으로 주변을 압도하지 아니하며 그 놓인 대지의 굴곡에 기대어 슬그머니 시작하여 은근히 사라지는 온유의 풍경을 완성하고 있다.

이 글을 쓰기 얼마 전, 미술관을 설계한 건축가 이종호는 스스로 생을 마감했다. 그는 제주로 가는 바다 위에서 투신했고, 얼마 후 일본 쓰시마 해안가에서 그의 주검이 발견되었다. 그의 투신을 둘러싼 여러 이야기들에 대해서 내가 말할 수 있는 것은 없는데, 다만 그 투신 속에서 한 인간의 처절한 외로움을 떠올리는 것은 너무나도 고통스럽다. 이종호는 국내에서 대학 학부만을 졸업하고 스스로의 공부와 야전의 실무로 그의 건축을 다듬어 나갔다. 그는 투신 전까지 한국예술종합학교에서 학생들을 가르치며 건축과 도시 그리고 그 속에서의 인간 삶을 들여다보며 끊임없이 성찰했다. 이곳 박수근미술관을 거닐며 삼가 고인의 명복을 빈다.

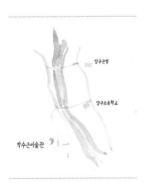

심산구곡 산들에 둘러싸인 양구 시내에 박수근미술관이 있다. 사명산 동쪽 기슭에 자리 잡고 있는 미술관은 겨울이면 눈 속 풍경 속에 자연스레 편입되어 자취 없이 사라진다.

4부

흔적의 기억,
기억의 흔적

시간은 모든 것을 쓸어가는 비바람

젊은 미인의 살결도 젊은 열정의 가슴도

무자비하게 쓸어내리는 심판자이지만

시간은 아름다움을 빚어내는 거장의 손길

하늘은 자신이 특별히 사랑하는 자를

시련의 시간을 통해 단련시키듯

시간을 견뎌낸 것들은 빛나는 얼굴이 살아난다

오랜 시간을 순명하며 살아나온 것

시류를 거슬러 정직하게 낡아진 것

낡아짐으로 꾸준히 새로워지는 것

오래된 것들은 다 아름답다

저기 낡은 벽돌과 갈라진 시멘트는

어디선가 날아온 풀씨와 이끼의 집이 되고

빛바래고 삭아진 저 플라스틱마저

은은한 색감으로 깊어지고 있다

해와 달의 손길로 닦아지고

비바람과 눈보라가 쓸어내려준

순해지고 겸손해지고 깊어진 것들은

자기 안의 숨은 얼굴을 드러내는

치열한 묵언정진 중

자기 시대의 풍상을 온몸에 새겨가며

옳은 길을 오래오래 걸어나가는 사람

숱한 시련과 고군분투를 통해

걷다가 쓰러져 새로운 꿈이 되는 사람

오래된 것들은 다 아름답다

   - 박노해 시집『그러니 그대 사라지지 말아라』(느린걸음, 2010) 중에서

  "오래된 것들은 다 아름답다"는 박노해의 시구는 애틋하다. 오래된 것들이라고 어찌 다 아름다울 수 있겠는가? 시인이 말하는 오래된 것들은 '치열한 묵언정진'의 과정을 통과해낸 것들이다. 낡은 벽돌과 갈라진 시멘트가 아름다울 수 있는 이유는 어디선가 날아온 풀씨와 이끼의 집이 되기 때문이라고, 시인은 말했다. 남겨진 것의 가치는 그 남겨진 것 자체의 물적 존재에

있는 것이 아니라, 그것이 우리의 오늘 속에서 관계를 맺고 또 의미를 가질 수 있을 때, 비로서 발생한다. 오래된 것들은, 그래서, 아름답다.

불국에 남겨진 거대 목탑의 흔적

부처의 서울 서라벌

경주 구시가지 온 곳에는 봉분들이 봉긋하고 여기저기에는 천 몇백 년 전의 절터들이 흩어져 있다. 아련한 시간들이 봉분들과 오래된 절집들에 붙잡혀 있다. 그 오래된 흔적들에 포획된 시간들 사이사이에 경주의 일상이 놓여 있다는 사실은, 기억상실의 도시에 붙박인 삶을 사는 우리에게는 닿을 수 없는 저 먼 곳이다. 시간의 도시 경주를 걷는 일은 그래서 설레는 일이며 또 서글픈 일이기도 하다.

그 먼 옛날, 한반도 갈려진 세 나라 중 가장 먼저 불교를 받아들였던 나라는 고구려였다. 때는 서기 372년 소수림왕이 즉위한 이듬해였고 새로운 종교를 전래한 이는 순도^{順道}였다. 백제는 침류왕이 즉

위하던 해인 서기 394년 마라난타^{摩羅難陀}를 통해 불교를 받아들였고, 신라는 눌지왕 때 묵호자^{墨胡子} 그리고 비처왕 때 아도^{我道}를 통해 불교의 초석을 다질 수 있었다. 고구려와 백제 그리고 신라가 불교를 받아들인 시기와 과정은『삼국유사』, '흥법^{興法}'편에 가지런히 정리되어 있다.

여러 기록으로 보건대 고구려, 백제 양국의 불교 전래의 시기와 과정은 비교적 뚜렷해 보인다. 반면 신라의 불교 전래는 이웃 두 나라에 비해 그 기원과 시기에 여러 가지 설이 있다.『삼국사기』에서는 눌지왕^{417~458}과 비처왕^{479~500} 때라 하고,『해동고승전』에는 법흥왕^{514~540} 때라 하며,『수이전』에는 미추왕^{262~284} 때라고 한다. 노령산맥은 그렇게도 넘기 힘든 고개였던가. 인도에서 발원하여 중원의 대륙을 거친 불교는 다시 한반도로 넘어오는데 신라의 땅은 그리도 변방이었나 보다. 그래도 도도한 시대정신의 물결은 그 험준한 산맥을 넘거나 뚫어서 기어코 흘러들었다. 기어코 흘러든 신라의 불교는 가장 늦게 꽃피었으나 가장 화려하게 만개했다. 소설『현의 노래』는 불교가 흘러들던 당시 서라벌의 모습을 다음과 같이 묘사 또는 상상하고 있다.

이사부는 서라벌에 열흘 동안 머물렀다. 왕이 불러서 술을 내렸고, 크고 작은 연회가 잇따랐다. 오랜만에 보는 서라벌은 낯설었다. 이사부의 눈에는 군신과 백성들이 모두 이차돈이라는 죽은 걸사의 젖을 빨고 있는 것 같았다. 대궐과 관아와 마을 사이마다 절이 들어서 처마를 잇대었다. 절마다 탑들이 솟아 금칠한 상륜이 번쩍거렸다. 탑들은 말쑥하고 깔끔한 체감體感을 보이며 높은 곳을 가리켰다. 바람에 풍경이 뎅그랑거려 거리는 날아오르는 듯싶었다. 부처의 서울은 아름다웠고 윤기에 빛났다.

신라 장군 이사부가 오랜 야전생활 중 신라의 서울 서라벌에 도착했을 때, 그 서라벌은 어린 이사부 또는 젊은 이사부가 보았던 예전의 그 서라벌이 아니었다. 이사부가 한창 가야의 여러 고을들을 부수고 있을 무렵 젊은 불자 이차돈은 서라벌 한복판에서 순교했다.

김부식은 새파란 이차돈이 늙은 중신들과 불교 도입에 관한 언쟁을 벌이고 그 죄로 죽임을 당했다고 기록했고, 일연은 이차돈이 불교를 중흥하고자 하는 법흥왕에게 힘을 실어주기 위해 스스로 벌을 받아 순교했다고 기록했다. 전자는 『삼국사기』의 기록이고 후자는 『삼국유사』의 기록인데, 순교 당시 스물둘 또는 스물여섯의 하급관료였던 이차돈이 노회한 대신들과 언쟁을 벌였다는 김부식의 증언보다는, 일연이 남긴 기록이 더 타당한 듯 보인다. 사실이 어찌되었든 이차돈의 머리가 베어질 때 그 잘려진 목의 단면에서는 한 길이나 되는 흰 젖이 솟아났다고 한다. 이차돈의 잘린 목에서 솟아오른 그것이 붉은 피가 아닌 흰 젖이라는 사실의 생물학적 타당성은 희박해 보이나, 그 흰 젖은 아마 부처의 젖이었던가 보다. 부처의 흰 젖을 빨아먹고 신라는 부처의 나라로 다시 태어났다. 이차돈의 순교로 신라의 서울 서라벌은 부처의 서울 서라벌이 되었고 도시 곳곳에 절이

오늘의 황룡사는 절터만이 남았으며 절터 안에 있던 9층 목탑도 사라지고 흔적 없다. 거대한 대사찰과
9층 목탑은 오직 나무기둥을 받치던 초석만을 남기고 가뭇없이 사라졌다.

들어차 처마를 잇대었다. 바야흐로 신라 불국^{佛國}의 시대가 열리게 되었다.

변방의 땅 서라벌에 새롭게 흘러든 새로운 종교는 새로운 세계를 열었다. 기득권 세력인 신라의 왕족과 귀족들은 눈에 핏발을 세우고 새로 들어오려는 어떠한 종교적 또는 정신적 이념과 사상도 경계했다. 그러나 중심부에서 정체된 채 변화할 수 없었던 기성의 낡은 권력은 저 먼 곳에서 불끈거리며 흘러들어오는 새로운 힘을 감당할 수 없었다. 그래서 서라벌 곳곳에는 대사찰이 들어섰다. 이차돈의 순교로 홍륜사의 중창이 이뤄졌고 수없이 많은 절들이 세워졌다. 일연은 당시 서라벌의 풍경을 이렇게 기록했다. 사사성장 탑탑안행^{寺寺星長 塔塔雁行}, 절과 절들이 하늘의 별처럼 자리 잡고, 탑과 탑들이 기러기처럼 높이 솟았다. 처마를 잇대는 사찰 건립의 역사는 황룡사 9층 목탑에 이르러 절정에 달했다.

사라진 거대 목탑, 황룡사 9층 목탑

자장^{慈藏}은 당^唐에서 유학하고 돌아온 시대의 지성이었다. 그는 "변방에서 태어난 것을 스스로 한탄하며 중국으로 유학하여 큰 가르침(불교)을 받기를 원했다"[9]. 자장은 찬란한 문명을 완성해 나가고 있는

9 『삼국유사』 '권 제4', 일연, 정무웅 역, 민음사

대륙으로 건너가 새로운 종교적 이념을 받아들였고, 고구려와 백제의 틈바구니 속에서 날로 위태로워지는 조국 신라를 불법의 힘으로 구하고자 했다.

그는 호국을 위한 아홉 층짜리 불탑 짓기를 신라왕께 청했다. 일연은 『삼국유사』에서 안홍이 지은 『동도성립기』를 인용하며 9층탑의 상징적 호국의 의미를 다음과 같이 기술했다. "신라 제27대에는 여자가 임금이 되니 비록 도는 있으나 위엄이 없어 구한이 침략했다. 대궐 남쪽 황룡사에 9층탑을 세운다면 이웃 나라의 침략을 억누를 수 있을 것이다. 1층은 일본^{日本}, 2층은 중화^{中華}, 3층은 오월^{吳越}, 4층은 탁라^{托羅}, 5층은 응유^{鷹遊}, 6층은 말갈^{靺鞨}, 7층은 거란^{契丹}, 8층은 여적^{女狄}, 9층은 예맥^{濊貊}을 억누른다." 이에 선덕여왕과 대신들은 백제에서 건축가^{공장工匠}를 초빙하여 황룡사 경내에 9층 목탑을 세우기로 했다.

당시 변방의 신라에는 9층짜리 건축물을 세울 기술력이 부재했던 것으로 보인다. 적국의 건축가를 초빙해야 했던 이유는 여기에 있었던 것 같은데, 신라의 위정자들은 문화적, 기술적 열등감 속에서 외소해지기를 거부했다. 그들은 백제의 건축가 아비지^{阿非知}를 모셔와 이 거대한 탑을 완공할 수 있었고 불국의 나라를 완성할 수 있었다.

황룡사 9층 목탑은 643년 조영되기 시작하여 645년 완성되었다. 탑의 평면은 가로, 세로 각각 63척(약 22.2미터), 높이 225척(약 71미터)으로 서라벌 시내 어디에서도 볼 수 있는 거대한 규모였다. 완공 후 황룡사 9층 목탑은 다섯 번 벼락 맞고 다섯 번 크게 고쳤으며 수십 차례 작게 고쳤다. 그리고 1238년 대륙을 휩쓸고 반도로 넘어온

몽고군에 의해 전소되어 사라졌다.

오늘의 황룡사는 절터만이 남았으며 절터 안에 있던 9층 목탑도 사라지고 흔적 없다. 거대한 대사찰과 9층 목탑은 오직 나무기둥을 받치던 초석만을 남기고 가뭇없이 사라졌다. 작은 반도를 유린한 무수한 전란은 나무로 된 모든 것들을 흔적 없이 태워버렸으나 불에 타지 않고 뽑아내기 번거로웠던 돌로 된 것들만은 살아남았다. 1976년, 이 살아남은 돌들의 흔적이 본격적으로 발굴되면서 황룡사와 9층 목탑은 그 거대했던 규모를 드러냈다.

황룡사 9층 목탑은 오직 기둥을 받치고 있던 초석만을 남겼다. 그러나 이 초석들은 1층 바닥 기둥에 관한 2차원적 정보만을 제공할 수 있을 뿐이다. 바닥 위부터 탑 꼭대기에 이르는 71미터 사이의 3차원적 정보는 오로지 남겨진 관련 기록들을 통해서 추정할 수 있을 뿐이다. 그 남겨진 기록들이란 『삼국유사』, 『삼국사기』, 『황룡사찰주본기』 그리고 『고려사』 등인데 이 기록들은 거대한 목탑을 지탱하는 구조에 관한 직접적인 언급이 없으며, 그 꼴을 완성하고 있는 구체적인 의장들에 관한 내용도 소략하며 빈약하고 한정적이다. 이 기록들만으로 9층 목탑을 이루던 71미터 사이를 빈틈없이 차곡차곡 메우는 일은 사실상 불가능해 보인다.

이 사실상의 불가능 속에서 후지시마 가이지로藤島亥治郎, 김인호, 장기인, 김정수, 박일남, 김동현과 권종남 그리고 북한의 일부 건축학자들은 남겨진 초석과 기록들을 들여다보며 9층 목탑의 실체를 복원하기 위해 고군분투했다. 그들은 남겨진 초석과 기록들로부터, 구

김극기는 기록했다.

김극기는 고려 명종(1170~1197) 때의 문인으로 황룡사 9층 목탑에 실제 올랐던 것으로 보인다.

"층계로 된 사다리는 빙빙 둘러 허공을 나는 듯,
만 개의 강과 천 개의 산야 한눈에 들어오네.
나의 몸은 노오가 오르내린 밖에 나왔고,
나의 눈은 수해가 오가던 가운데를 삼키네.
성사의 그림자는 처마 앞 비에 떨어지고,
달 속의 계수나무 향기는 난간 밑 바람에 나부끼네.
굽어보니 동도의 많은 집들이,
벌집과 개미집처럼 아득히 보이네."

'노오'는 진나라 때 신선을 찾아 나선 사람이며, '수해'의 의미는 알지 못한다.
'성사'는 사신이 탄 배를 말하며, '동도'는 경주(서라벌)를 뜻한다.

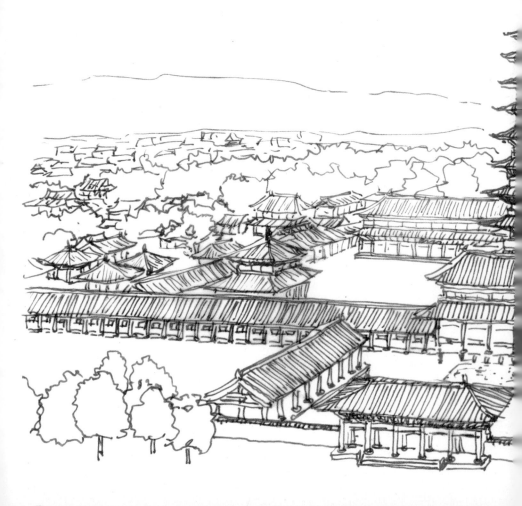

OTOLLO

할 수 없는 것들은 중국과 일본에 남겨진 동시대 또는 참조할 수 있을 만한 유사 목탑의 유구와 기록 등을 뒤져가며 (완벽할 수는 없는) 황룡사 9층 목탑의 구조와 의장을 복원해낼 수 있었다.

남겨진 흔적들을 통해서 추측과 예측의 거처는 마련된다. 이 거처의 기반 위에서 우리는 남겨진 흔적들의 대략적인 원꼴에 이를 수 있게 된다. 남겨진 흔적들 그리고 그 흔적들을 통한 추정과 복원은 얼마나 소중한 것인가? 이 상상을 통해서만 우리는 1000년 전, 2000년 전의 시간으로 보다 생생하게 접근할 수 있다.

1000년 전, 2000년 전의 시간과 지금 이 순간은 아무런 관련이 없다는 시선이 우리 도시 여기저기에 널려 있다. 이 무심한 시선 속에서 그나마의 남겨진 것들은 여지없이 무너지고 또 사라진다. 그 자리에는 다시 새로운 것들이 세워지고 그것들은 다시 낡은 것들이 되어 사라진다. 이 완전한 망각 속에서 우리 지난 시간의 기억은 함께 사라진다. 이 망각에 대한 회한은 다만 향수와 같은 정한情恨이런가? 내 있었던 자리를 알 수 없다는 사실은, 지금의 나를 모르는 것과 다르지 않다. 이 글은 그나마의 남겨진 것들에게 보내는 향수라 해야겠다.

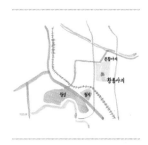

황룡사지는 경주 시내 수많은 절집 터와 봉분들 사이에 놓여 있다. 삶과 죽음의 공간이 일상의 공간으로 함께 꾸려져 있는 경주에서 황룡사지 찾는 일은 어렵지 않다. 논밭 한가운데 천 년의 흔적이 돌로 박혀 남아 있다.

4부 흔적의 기억, 기억의 흔적

『관촌수필』, 남겨진 것에 대하여

세월은 지난 것을 말하지 않는다. 다만 새로 이룬 것을 보여줄 뿐이다. 나는 날로 새로워진 것을 볼 때마다 내가 그만큼 낡아졌음을 터득하고 때로는 서글퍼하기도 했으나 무엇이 얼마만큼 변했는가는 크게 여기지 않는다. 무엇이 왜 안 변했는지를 알아내는 것이 더 중요하기 때문이다.

『관촌수필』은 글쓴이 이문구의 자전적 소설이다. 관촌마을^{관촌부락冠村部落}에서 태어나서 유소년기를 보낸 한산이씨 명문거족의 후예 이문구는 '나'를 빌려 그의 지난 일들을 수필처럼 소설로 써내려간다. 그는 본인이 통과해 나간 시간들 뒤로 달려가며, 그를 키워왔던 관촌마을과 그 마을에 엉겨 붙어 있는 시간과 사건들을 돌아보며 그의 자리를 확인한다. 그는 변해버린 관촌마을의 골격을 들여다보며 서글퍼하기도 했으나, 그래도 변하지 않은 무엇들을 찾아보고 둘러보며, 그 변하지 않은 무엇들을 통해 '내'가 있었던 자리를 확인하고 또 '내'가 가야 할 자리를 더듬는다.

세월의 부침을 겪으며 떠밀리듯 떠나야 했던 관촌마을. 그는 머리 굵고 나서야 다시 그의 살과 뼈가 여문 관촌마을로 향하는 기차를 탈 수 있었다. 그렇게 찾은 한내읍 갈머리(관촌마을)에 이르니 마을의 왕소나무는 잘려 나간 지 오래고 그 자리에는 슬레이트 지붕의 구멍가게가 들어섰다. 신작로를 따라 가로세로 들쑥날쑥 꼴값하는 난봉난 집들이 들어차 마을을 어지럽혀놓았고 그가 살았던 옛집, 간살이 넉넉한 열다섯 칸짜리 꽃패집의 풍채로 당당했던, 온 마을의 종가나 되는 양 한눈에 알 수 있었던 그가 자란 옛집은 폭삭 삭아버려 추레한 꼴로 변해버렸다. 그래도 그는 겨우겨우 남겨진 것들과 추레하니 퇴락했으나 간신히 원꼴의 어렴풋한 기억을 갖고 있는 옛집과 길과 풍경들을 통해 그의 유년, 그의 살과 뼈가 여물고 머리꼭지가 굳어지고 또 그의 성정이 만들어졌던 그 시간의 기억을 더듬는다. 그리고 아마 그가 몸으로 통과해 나간 그 시간의 기억이 지금의 '나'일 것이며 앞으로의 '나'의 바탕일 것이다.

타불라 라사 그리고 기억상실의 도시 서울

타불라 라사^{Tabula Rasa}는 아무것도 쓰여진 것 없는, 기록된 것 없는 백지
상태를 말한다. 로크는 『인간오성론』에서 일체의 경험적 지식이 없
는 상태에 관해서 이야기했는데, 라이프니치가 이 '백지상태'를 한
단어로 축약해서 설명하기 위해서 '타불라 라사'라는 단어를 처음
사용한 것으로 알려져 있다.

　서구 근대 철학사의 한 장면에서 타불라 라사는 등장했는데 근대
이후 이 백지상태는 많은 면에서 요긴했다. 타불라 라사를 통해 기
존의 것들, 낡은 것들 또는 전통이라고 말해지는 것들과의 결별은
손쉬워졌고 또 정당해졌다.

　근대건축에서 타불라 라사는 보다 뚜렷하고 선명했다. 산업적 근
대주의 위에서 새로운 (근대)건축은 과거와의 극단적 거리를 두고
세워지기 시작했고 그 새로 우뚝해지는 집들을 위해 기존에 있었던
것들은 영점의 백지상태를 목표로 하얗게 지워졌다. 이 지워짐은 정
신적인 것들일 뿐 아니라 물리적인 실체가 있는 것들까지 포함했다.
(근대)건축이 세워지고 꼴 지워지는 생각의 바탕은 '혁신적'이고 '합
리적'으로 바뀌었고, 그 건축이 들어서야 했던 땅 위의 오래된 것들
은 말끔하게 부수어져 가지런히 정리되었다. 타불라 라사가 근대건
축의 가장 기본적인 출발점이었음은 분명해 보인다. 백지상태에서
새로 쓰여진 것들 또는 새로 세워진 것들은 새로 이룬 것들만을 보
여줄 뿐, 일체의 기억을 잃은 채 무엇이 변했는지를 보여주지 못한

다. 또 무엇이 안 변했는지도 보여주지 못한다. 아무리 들여다봐도 있었던 무엇을 알 길은 없다.

한강의 작은 도시 위례성이 도시로서 꼴 지워진 시기는 기원전 18년이라고 알려져 있다. 『삼국사기』에서 김부식이 그렇게 기록했고 풍납토성과 몽촌토성의 흔적들에서 일정 정도의 고고학적 근거가 뒷받침되고 있다. 2000년 전, 작은 왕국의 작은 왕도로 시작된 도시는 그 후 조선왕조 500년 동안의 수도 한성이었고, 계속해서 입헌군주정과 공화정을 거쳐 오늘의 수도 서울에 이르고 있다.

힘없는 작은 나라의 수도는 그 영광의 기억만큼이나 오욕과 굴종의 시간을 통과해야만 했다. 찬란한 왕조의 유산은 계속되는 외침에 부서지고 망가졌으며 일제 강점기를 거치며 거덜이 났다. 식민지 시대를 증언하는 건물들의 대부분은 한국전쟁 속에서 산화되었다. 오욕과 굴종의 역사를 통과해 나가며 이뤄진 타불라 라사의 서울에는 그래도 간신히 남겨진 것들이 한 움큼은 있었다. 그러나 1961년부터 1979년 사이 군사정권은 그 한 움큼 있는 것들조차, 아마 거추장스러웠을 것이다. 전통 또는 고유성, 개별성 등은 고려의 대상이 될 수 없었다. 무력했던 왕조의 가련한 기억은 지우는 편이 편했을지 모를 일이다. 서울의 오래된 길들과 집들 그리고 그런 것들이 엉켜 만들어졌던 골격들은 근대적 기획에 맞춰 '혁신적'이고 '합리적'으로 일신되기 위해 말끔히 비워졌다. 이 창백한 계획적 타불라 라사 위에서 서울은 날로 새롭게 만들어졌다. 그 후 정권은 군인들로부터 민간에게 이양되었지만 깡그리 부수고 새로 짓는 집짓기 방식은 바꿔

겸재 정선은 1742년 한강변을 노니며 견본담채로 선유봉을 그렸다.
이제 내가 선유도이야기관을 덧붙여 수채로 그려본다.

新仚遊峯
申鎔

지 않았다. 발전과 개발은 최고의 선이었다. 부수는 것도 부가가치였고 새로 짓는 것도 부가가치였다. 서울은 매일매일 비워지며 기억들을 하나하나 잃어갔고 지금도 잃고 있다. "자기 몸에 새겨진 문신을 지우려 애쓰는 늙은 폭주족처럼, 서울은 필사적으로 근대의 기억을 지우고 있다."[10] 기억상실의 도시 서울, 서울에서 시간을 돌아보며 내 자리를 찾는 일은 매우 어려워 보인다.

서울 시간의 한 모퉁이

한강변 아름다운 봉우리가 있었다. 신선이 노닐 만한 봉우리라 하여 이름은 선유봉. 이 봉우리를 보기 위해 한강에 배 띄우고 놀았었다. 250년 전, 겸재 정선은 선유봉에서 노니는 풍경을 그림으로 남겼다. 1925년, 서울에 엄청난 비가 내렸고 물난리가 났다. 이 대홍수 이후 선유봉은 한강 정비를 위한 채석장으로 바뀌었다. 무수히 많은 돌들이 캐내어진 선유봉은 어느 순간 뭍과 떨어진 납작한 섬이 되었다. 1968년, 선유봉은 선유도가 되었다.

1978년, 납작한 섬에는 늘어나는 서울 서남쪽 시민들에게 물을 공급할 정수장이 들어섰다. 이후 선유도 정수장은 영등포 일대의 시민들에게 20년 동안 하루 40만 톤의 물을 제공했다. 이 일대 공단들에

----

10 『스테이』, '단기기억 상실증', 김영하, 갤리온

4부 흔적의 기억, 기억의 흔적

서 일하는 근로자들은 서울 산업시대의 최전선에서 오늘 풍요로운 서울의 밑바탕을 몸으로 일궈낸 주역들이었다. 가난했고 또 근면했던 그들은 선유도 정수장에 걸러진 물로 밥 짓고 세수하고 양치하고 출근했다.

2000년 12월, 한강물이 거르고 걸러도 더 이상 쓸 수 없게 더러워지자 정수장은 문을 닫고 이태가 지난 뒤 공원으로 거듭났다. 2002년, 선유도는 공원이 되었다. 여기까지가 선유봉 또는 선유도의 지난 기록이다.

선유봉에서 노니는 몇백 년 전의 기억은 아름답게 아득하고, 선유도에서 걸러진 물로 가난한 일상을 꾸리던 20, 30년 전의 기억은 저릿하게 선연하다.

150년 전쯤, 프레드릭 로 옴스테드^{Frederick Law Olmsted}가 뉴욕 센트럴파크 현상설계에서 도심 한가운데를 비우고 어마어마한 규모의 녹색 잔디를 깔았다. 그리고 '성공'했다. 이후, 도시의 공원들은 센트럴파크의 도그마 위에서 고착되었다. 회색도시와 녹색공원의 대비는 도심공원의 너무나 당연한 모습이 되었다. 이 회색과 녹색의 극단적 대비는 산업화 시대에 제기된 도시의 여러 문제점들을 녹색으로 화장하는 것이었다. 이 화장술은 도시 문제의 근본적 치유가 아니었고 가리고 덮는 방식이었다. 옴스테드식 조경은 도시의 망각 위에서 세워졌다.

그러나 시간은 흐르고 생각은 바뀌었다. 녹색장막의 고립된 외통수 같은 도심공원은 도시의 일상을 있는 그대로 받아들일 수 없었

선유도공원을 관통하는 하나의 큰 줄기는 시간의 기억이다. 선유도 정수장의 여러 시설들을 부수지 않고 남겨둔 채 일부는 비워내고 일부는 덧붙이고 일부는 고쳐 지어서 산업화 시대를 통과해 나간 시간의 흔적을 노출시켰다.

다. 근래의 실험적 도심공원은 통념화된 사유에 반기를 들기 시작했다. 그 공원들은 도시가 갖고 있는 여러 기억들, 영광의 기억들뿐 아니라 상처의 기억들도 적극적으로 노출시킴으로써 도시의 공원이 적극적인 기억의 소급장치로 작동될 수 있음을 입증했다. 이 지점에서 선유도공원은 출발했다.

그렇게 들어선 선유도공원은 건축가 조성룡, 조경가 정영선의 현상설계 당선 때부터 주목받기 시작해서 준공부터 지금에 이르기까지 크게 주목받고 또 회자되었다.

선유도공원을 관통하는 하나의 큰 줄기는 시간의 기억이다. 선유도 정수장의 여러 시설들을 부수지 않고 남겨둔 채 일부는 비워내고 일부는 덧붙이고 일부는 고쳐 지어서 산업화 시대를 통과해 나간 시간의 흔적을 노출시켰다. 이 흔적들을 통해 산업화 시대의 이면, 그 보이지 않는 심연의 깊은 곳이 보이기 시작했다.

조성룡은 어느 매체의 인터뷰에서 말했다. "과거가 없으면 현재가 없는 거예요. 현재를 알기 위해선 과거를 보고 미래를 보죠. 아버지를 본다든지 어머니를 본다든지. 내 현재가 부모님의 과거고, 나를 냉철하게 보면 미래가 보여요." 2012년 리모델링에 들어간 선유도 전시관은 최근 '선유도이야기'관(이하 '이야기관')으로 재개관되었다. 이야기관 역시 시간의 기억이란 선유도공원의 전체 맥락과 그 결을 같이한다.

이야기관이 시간의 기억을 소급시키는 방법은 크게 두 가지로 보이는데 그 하나는 흔적의 복원이고 다른 하나는 (복원의 결과이기도

한) 노후된 물성의 노출이다.

흔적의 복원은 2002년 선유도전시관의 개관 이후 재개관 이전까지 10여 년 동안 조금씩 변형되고 어지럽게 덧붙여진 것들을 비워내는 과정을 통해 이뤄졌다. 걸러진 물을 송수펌프를 통해 수용지로 공급하던 좁고 긴 세장한 비례의 공간이 온전히 드러났다. 그리고 지하1층과 지하2층의 세 개 층을 트고 열면서 시선은 확장되는데, 이 확장된 시선 속에 내외부의 시간의 흔적들은 좀 더 다채롭게 포획된다. 내부에 풍화된 흔적들이 무시로 시선에 들어오고 창밖의 외부 전경은 시간의 전시물로 다가온다.

이 비워내는 작업의 결과로 기존 정수장 시절의 흔적들이 노출되었다. 녹물 타고 물때 묻은 콘크리트 벽면과 오브제로 남겨진 송수 펌프는 정수장 시절의 시간을 즉물적으로 즉각 소급시킨다. 노출된 거친 콘크리트 보와 폐자재를 재활용해 만든 가구 역시 마찬가지나 그 기억 소급의 메커니즘은 전자와 조금 차이 있어 보인다. 녹물과 물때 그리고 송수 펌프가 발생시키는 정수淨水 이미지의 구체성보다는 풍화되고 경과된 시간이 좀 더 감각적으로 전달되기 때문이다. 그러나 이 차이는 시간의 기억이란 맥락에서 모두 동일하다.

성긴 밀도의 지하1층 상설전시관과 허허로운 지상2층의 전망공간은 이동과 흐름이 빈번한 지상1층을 매개로 연결되는데 밀도에 따른 프로그램의 공간적 배분은 매우 합리적으로 또 성공적으로 보인다. 나는 방문자 안내소 방향의 출입구에서 들어와서 전 층을 걷고 보고 쉬고 놀고 생각하다가 기둥의 정원으로 난 출입구로 빠져나갔다. 11월 초입의 신록은 여지없이 푸르렀고 담쟁이가 올라탄 기둥은 시간을 단단히 붙잡고 있었다.

다시, 남겨진 것에 대하여

기억이 없는 존재들이 살아가는 인구 천만의 도시는 매년 엄청난 돈을 들여 자신을 꾸미지만, 그럴수록 내면의 공허는 커져만 간다. 결국 도시 저 깊은 곳에서 우리가 파묻은 무의식이 물어올 것이다. 서울, 너는 어디에서 왔는가? 그리고 기억이 없는 인공낙원에 사는 너는 누구인가?

서울에서 나고 자란 소설가 김영하의 물음은 무섭게 다가온다. 이제 파묻을 기억이 얼마나 더 남아 있는가? 인공낙원에 남겨진 우리들은, 기어코 그 남겨진 것들마저 파묻어 하얗게 지우려 들 것인가? 등줄에 서늘한 식은땀이 흐른다.

선유도공원을 걷고, 선유도이야기관의 오래된 콘크리트벽을 들여다본다. 이제 여기서 등줄기에 흐르는 땀을 식힌

서울 한복판을 관통하는 한강에는 물가의 위안을 찾아 밀려드는 서울 시민을 위한 한강공원이 많이도 있다. 선유도공원은 망원한강공원과 양화한강공원 사이에 납작한 섬으로 떠 있는데, 양화대교가 이 섬 위를 가로지르고 있다.

다. 땀을 식히며 우리가 있던 자리를, 그리고 내가 가야 할 자리를 천천히 더듬고 싶다.

요절시인

서른 해를 채우지 못한 삶이었다. 윤동주는 만 27년 1개월을 살다가 후쿠오카형무소에서 옥사했다. 일본에서 유학하던 젊은 조선 청년의 죄목은 '조선독립운동'. 조국의 독립과 민족문화의 수호를 '선동'했기에 잡아 가둔다는 죄목은 온당한 것인가? '조선독립운동'이란 단어의 의미는 식민국과 피식민국 사이에서 개벽한다. 내 나라의 홀로 섬과 내 나라 문화의 얼을 지키는 것이 죄일 수 있겠는가? 그러나 태평양전쟁의 끄트머리에서 패전과 멸망이 분명해질수록 일본의 지랄발광은 더해갔다. 젊은 시인은 형무소에서 가혹한 노동과 알 수 없는 주사를 맞다가 대한독립 반년을 앞두고 외마디 비명을 남기고

사망했다. 그의 주검은 한 줌 뼛가루가 되어 그의 고향 만주 길림성
으로 돌아와 북간도 공동묘지에 안장되었다.

　윤동주는 1917년 12월 30일 중국 만주 길림성 화룡현 명동촌에서
태어났다. 일제 강점기, 제 나라를 떠밀리듯 떠나야 했던 이 땅의 많
은 백성들은 북으로, 북으로 올라가 만주 간도 땅 이곳 저곳에 터를
잡고 살았다. 이 땅을 떠나야 했던 자들과 떠날 수밖에 없었던 자들
은 대부분 땅 부칠 곳 하나 없는 가난한 농군들이었거나 일제의 지
랄발광 속에서 주체적, 자주적으로 생존하며 제 나라의 독립을 희구
했던 자들이었다. 윤동주가 태어난 명동촌은 명동서숙이 자리 잡은
마을이었다. 명동서숙은 1년 만에 단명한 민족교육기관 서진서숙을
계승한 학교로 조선민족의 홀로 섬과 그를 위한 항일구국의 인재양
성을 목표로 설립되었다. 윤동주는 조국이 처한 시대적 상황을 온몸
으로 받아들이며 성장했다.

　장성한 청년 윤동주는 시를 쓰기 위해 또 문학을 공부하기 위해
서울 연희전문학교에 진학했다. 그가 연희전문학교 문과대학에 다
닐 때 그는 후배 정병욱과 함께 종로구 누상동에 있는 소설가 김송
의 집에서 하숙했는데, 이곳에서 윤동주의 큰 별과 같은 시들이 쓰
였다. 〈서시〉, 〈별 헤는 밤〉, 〈돌아와 보는 밤〉 등이 이때 쓰인 시들이
었다. 윤동주의 종로시절은 1년 남짓한 짧은 기간이었으나 이 시기
는 시인 윤동주의 시상^{詩想}이 절정에 이른 때였다. 이런 윤동주와 종
로의 인연으로 종로구 누상동 인왕산 언덕 한 곳에 윤동주문학관이
세워질 수 있었다.

관치와 관행은 없다

관치官治와 관행慣行의 앞글자 '관'은 서로 다른 뜻을 갖고 있으나, 관치와 관행이 언뜻 같은 결로 다가오는 이유는 무엇인가? 관치는 관행을 통해 새로운 사고 또는 새로운 방식 등에서 오는 번거로움을 회피하려고 하는데, 그리하여 관치의 관행은 창조적 행정과 그로 인한 창조적 결과물의 출현을 어렵게 한다. 그러나 때로는 그렇지 않은 경우도 있다.

윤동주문학관은 종로구의 주도로 세워졌다. 종로구는 섬세한 감성의 건축가를 찾아내 문학관의 설계를 의뢰했고 적은 예산의 한계 속에서 발품을 팔아가며 그 놓일 자리와 그 만들 자금을 융통했다. 이런 관의 비관행적 수고에 부응해 건축가 이소진 소장과 김현석 실장은 용도 폐기된 낡은 수도가압장과 우연히 발견된 물탱크를 기본 꼴로 살려둔 채 시간의 흔적을 간직한 윤동주와 그의 시를 위한 문학관을 만들 수 있었다.

1968년부터 1969년, 서울시는 몰려드는 도시민들을 감당하기 위해 32개 지구 15,840여 가구의 아파트를 세웠다. 와우아파트, 낙산아파트 등이 이 당시에 지어진 아파트들이었다. 1969년 종로구 누상동 인왕산 산허리에도 11개동 557가구 규모의 청운아파트가 세워졌다. 그리고 늘어난 물 수요와 산허리 고지대의 낮은 수압을 해결하기 위해서 1974년 청운수도가압장이 들어섰다. 시간이 흘러 노후로 인한 구조안전에 심각한 문제점들이 노출되자 2005년 청운아파트 윤동주문학관의 출입구, 강철에 구멍을 뚫어 윤동주의 윤곽을 살려냈다.

는 철거되었다. 2009년 청운수도가압장은 용도폐기되었고, 발품 팔아가며 윤동주문학관이 놓일 자리를 찾아 헤매던 종로구청은 이 낡은 청운수도가압장을 접수하여 윤동주문학관으로 고쳐 짓기로 결정하였다.

땅이 정해지고 고쳐 짓기로 짓는 방식이 결정되었으니 이제 건축가들이 나설 차례였다. 종로구청은 그간 신뢰관계를 형성해 온 건축설계사무소 '아뜰리에 리옹 서울'에 문학관 설계를 의뢰했다. 2011년 설계가 시작되었고 낡은 수도가압장 뒤편에 놓인 5미터 높이의 축대에 대한 구조안전진단을 하던 중 이 축대가 수도가압장의 부속 용도로 사용되었던 것으로 추정되는 물탱크였다는 사실이 밝혀졌다. 종로구 인왕산 언덕 고지대, 그 높은 자리에 자리 잡고 살던 소시민들에게 물을 공급해주던 콘크리트 우물, 그 사라진 오래된 우리의 잊힌 기억이 어느 날 그 존재를 드러낸 것이다.

기록에서 사라져 기억에서도 사라졌던 존재, 낡고 물때에 찌든, 언덕에 묻혀 있던 물탱크가 홀연히 자취를 나타내었을 때, 그간 진행되어오던 문학관 리모델링 계획안은 폐기되었다. 건축가는 잊혔던 존재를 끌어안아 오늘 우리에게 의미가 될 수 있는 무엇으로 만들기 위해 새롭게 설계를 시작했다. 그리하여 윤동주문학관은 기존의 낡은 수도가압장이 제1전시실이 되고 물탱크 두 칸이 각각 제2, 제3전시실이 되었다. 윤동주문학관은 채 나눠진 전시공간으로 구성되었다.

하늘과 바람과 별의 문학관

스물일곱 해의 짧은 생을 살다간 시인은 오직 유고 시집『하늘과 바람과 별과 시』만을 남겼다. 그가 남긴 시들의 울림은 크고 여운은 길지만, 그것들은 정신적이고 정서적인 것들일 뿐, 문학관의 전시실을 메울 물리적인 실체가 있는 것들은 많지 않았다. 시인과 사소한 관련밖에 없는 이것저것들을 난장으로 전시할 수도 없었고 그러기도 싫었던 건축가와 건축주는 확보된 소수의 전시물을 정갈하게 전시하고 그 나머지는 건축공간의 질과 건축디테일의 꼼꼼함으로 메우기로 작정하였다.

사라지고 잊힌 기억의 부활은, 모든 것들이 소비되어 사라지고 또 소모되어 잊히는 망각의 시대에 값지고 또 의미 있다. 건축가는 늙은 수도가압장의 허름한 껍데기를 벗겨내고 새 옷을 입힐 부분과 풍화된 속살을 노출할 부분을 선별해 시간의 흔적을 담은 제1전시관을 만들었고, 물탱크 한 칸은 윗뚜껑을 열어서 하늘과 바람과 별을 볼 수 있는 제2전시실을 만들었다. 그리고 나머지 물탱크 한 칸은 원꼴에 약간의 손품을 들여서 짧은 생을 살다간 젊은 시인의 생애를 영상으로 보여주는 제3전시실을 만들었다.

윤동주문학관의 백미는, 단연 제2전시실이다. 제2전시실은 사실 '실室'이 아니다. 일반적으로 '실'은 '방房'과 같은 의미로 실내공간을 의미한다. '실' 또는 '방'은 용도와 쓰임이 부여된 실내공간이다. 그러나 제2전시실은 지붕이 없는 바깥 공간, 실외공간이다. 이 공간은

이 공간은 하늘이 보이고 바람이 드나들며
별이 쏟아지고 그래서 시적 울림으로 공명
되는, 그러나 용도와 쓰임과는 무관한 비어
있는 공간이다. 용도와 쓰임이 정해져 있지
않기에 하늘과 바람과 별이 깃들고, 그리하
여 시적 정서가 스며들 수 있으리라.

하늘이 보이고 바람이 드나들며 별이 쏟아지고 그래서 시적 울림으로 공명되는, 그러나 용도와 쓰임과는 무관한 비어 있는 공간이다. 용도와 쓰임이 정해져 있지 않기에 하늘과 바람과 별이 깃들고, 그리하여 시적 정서가 스며들 수 있으리라. 그것들은 오직 여백 사이에 깃들 수 있고 또 스밀 수 있는 것들이다. 하늘과 바람과 별과 시는 정량화하여 셀 수 없고 정성적으로 분석할 수 없는 것들인데, 그것들은 다만 몸으로 받아들이고 마음으로 끌어당기는 것들이다.

제2전시실은 물탱크의 물때 가득한 벽면과 뚫린 지붕만으로 틀 지워져 있다. 벽면의 물때는 마치 나무의 나이테처럼 벗겨낼 수 없는 시간의 켜를 보여준다. 이 시간에 쩌든 물때는 하늘과 바람과 별과 만나면서 다시 한 번 감성의 풍화작용을 일으켜 그 안에 선 자들의 마음과 함께 공명한다. 제2전시실은 윤동주문학관의, 거의 모든 것이다.

내가 사는 것은, 다만, 잃은 것을 찾는 까닭입니다

윤동주의 시는 맑다. 그의 시는 진실로 하늘과 바람과 별과 함께 울리고 또 떨린다. 그의 시는 반세기를 훌쩍 건너와 잔잔한 울림과 애잔한 심상으로 우리를 흔들어 깨운다. 〈별 헤는 밤〉과 〈참회록〉 그리고 〈서시〉를 읽을 때 우리는 그것들을 느낄 수 있다. 윤동주의 시는 아직도 여전히, 지금 우리에게 닿아 있다.

4부 흔적의 기억, 기억의 흔적

윤인석은 말했다. 윤인석 성균관대 교수는 윤동주의 조카다.
"참으로 간결하게, 군더더기를 버림으로써 빈 공간을 얻어냈어요.
방문하는 사람들이 그 속에 들어서서 깊이 생각할 수 있는 기회를 제공해줬다는 점에서
고도의 세련미였다고 생각합니다."

윤동주와 그의 시를 기억하기 위한 문학관은 또 어떠한가? 윤동주 문학관은 멸실과 상실의 시대, 오직 새로 지음이 미덕인 오늘 여기에, 남겨진 시간의 흔적을 기꺼이 챙기며 그 작은 공간 안에 하늘과 바람과 별을 담아 가슴 저리게 우리에게 보여주고 있다. 윤동주문학관은 윤동주의 맑은 시처럼 깨끗하고 청순하다.

219m² 작은 규모의 윤동주문학관은 2012년 7월 25일 문을 열었고 두 해 반이 지난 지금 수십만 명의 방문객들이 찾아왔다. 서른 해를 못 채우고 떠난 젊은 시인과 젊은 시인이 남긴 시의 맑은 서정이 오래된 새 문학관 여기저기에 붙어 있다.

길
윤동주

잃어버렸습니다.
무얼 어디다 잃었는지 몰라
두 손이 주머니를 더듬어
길에 나아갑니다.

돌과 돌과 돌이 끝없이 연달아
길은 돌담을 끼고 갑니다.

담은 쇠문을 굳게 닫아

길 위에 긴 그림자를 드리우고

길은 아침에서 저녁으로
저녁에서 아침으로 통했습니다.

돌담을 더듬어 눈물짓다
쳐다보면 하늘은 부끄럽게 푸릅니다.

풀 한 포기 없는 이 길을 걷는 것은
담 저쪽에 내가 남아 있는 까닭이고,

내가 사는 것은, 다만,
잃은 것을 찾는 까닭입니다.

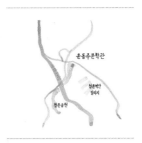

통인동, 청운동, 부암동 등은 경복
궁 서쪽마을을 이루고 있는데, 그
중 청운동은 가장 윗마을에 해당한
다. 청운공원 언저리에 윤동주문학
관이 있다. 문학관 위층에 오르면
서울 시내가 두루 눈에 들어온다.

노근리에서 일어났던 어떤 사건

1950년 7월 25일부터 29일의 닷새 동안 충청북도 영동군 황간면 노근리 일대는 광기로 벌겋게 물들었다. '노근리 양민학살사건'은 한국전쟁 개전 초기, 미군이 '피난시켜 주겠다'며 인근주민 500여 명을 노근리 경부선 철로 일대에 모아놓고 전투기로 기총소사機銃掃射 비질하듯 총질한 사건을 말한다. 이유도 모른 채 불시에 불난리를 당한 마을 사람들은 철교 밑 굴다리(쌍굴)로 숨어들었고, 미군은 굴다리 앞 야산에 기관총을 걸어놓고 굴다리를 빠져나오는 사람들을 조준 사격했다. 백 수십 명 또는 훨씬 더 많은 사람들이 죽거나 불구가 되었고 행방불명되어 사라졌다. 그리고 사건은 '반공'과 '친미' 뒤에서

잊혀졌다.

'노근리 양민학살사건'은 반세기가 넘은 지금도 그 발생 이유와 경위가 명확히 밝혀지지 않았다. 학살의 당사자인 미국은 사건 발생 자체는 인정하나 그 발생 이유에 대해서는 '알 수 없다'라고 말한다. 알 수 없는 것인지, 알 수 있으나 알려고 하지 않는 것인지, 알고 있으나 말하려 하지 않는 것인지, 피해 당사자들은 알 수 없고, 피해 당사자가 국민인 주권국가인 우리 정부는 알려고 하지 않는다. 알고 싶은 사람들과, 알려고 하지 않는 사람들과, 알려주려 하지 않는 사람들을 번갈아 보며 국가와 개인, 국가와 국가 사이의 끔찍하게도 불평등한 관계를 생각하는 일은 속 터지고 울화가 치미는 일이다.

그러나 노근리 쌍굴 속, 그 지옥 같은 구멍공간 안에서 살아남은 자들이 그 끔찍했던 고통을 잊을 수 있었겠는가? 살아남은 자들은 살아있는 동안 처절한 외상후증후군에 시달려야 했다. 그들은 그들의 고통을 알아달라고, 제발 그 말도 안 되는 고통을 알아달라고 울고 또 울었지만 반공이 국시며 친미가 생존전략인 종전 후의 남한 사회에서 그들의 울음을 들어주는 사람은 없었다.

전쟁과 집단의 야수성이 노근리 마을 촌부들에게 가한 폭력은 가혹하고 끔찍한 것이었다. 그들은 반세기 동안 울었고 반세기 동안 시름했다. 그 반세기의 울음과 시름 끝에, 사건의 완전한 진상규명은 아직도 멀고 또 멀어 보이지만, 2009년 노근리 옛 노송초등학교 일원에 '노근리평화공원'이 착공되었고 같은 해 건축가 이종호가 설계한 '노근리평화기념관'이 2011년에 완공되었다.

게쉬히테와 히스토리에 그리고 기념관

'역사'를 뜻하는 독일어 두 단어가 있다. 게쉬히테^{geschichte}는 과거 있었던 모든 일들을 지칭한다. 히스토리에^{historie}는 그 모든 게쉬히테 중 기록으로 남겨진 것들을 의미한다.

게쉬히테는 지금을 기준으로 그 이전에 발생한 모든 사건들의 총합이다. 내가 어제 된장찌개를 먹은 것과 그 남자가 며칠 전에 그 여자를 만난 것과 50년 전 청년 전태일이 봉제공장에서 원단을 날랐던 모든 일이 모두 게쉬히테다. 그러나 히스토리에는 과거 일어났던 일들에 대한 선별적인 기록이다. 프랑스혁명과 동학농민운동이 히스토리에이며 45년 전 청년 전태일이 근로기준법의 준수를 외치며 분신한 사건이 히스토리에이다.

게쉬히테와 히스토리에를 가르는 기준은 기록되고 기억될 만한 가치 또는 의미가 있는가 또는 없는가인데, 그 가치 또는 의미의 기준은 절대적인 것일 수 없다. 나에게 중요한 일이 다른 이에게는 시답지 않은 일일 수 있고 우리에게는 코웃음 칠만한 일이 그들에게는 중요한 일일 수 있으며, 과거에는 주목할 이유 없었던 일들이 오늘에는 주목해야 마땅할 사건이 될 수 있고 오늘 우리가 주목하고 있는 사건이 미래의 관점에서는 싱겁기 그지없는 일일 수 있기 때문이다. 기록되고 기억될 만한 가치 또는 의미는 집단에 따라 다르고 시대에 따라 다르며 또 세대에 따라 다르다.

역사는 '무엇을 어떻게 기록할 것인가?'라는 취사선택과 기술방향

이종호는 말했다.
"기념관은 그 장소로 이어지는 통로다."

OTOLLO

사관史觀의 문제인데, 민주화된 사회일수록 역사 취사선택의 기준과 기술의 방향은, 권력자 또는 부를 소유한 소수의 이익을 위한 것이 아닌, 기층을 이루는 다수의 공익과 힘없는 소수의 권익이 합치하는 지점에서 결정된다. 4·19가 민란이 아니라 혁명인 이유가 그러하며, 5·16이 혁명이 아니라 정변인 이유가 그러하다. 그러나 아직도 어떤 이들은 5·16을 혁명이라 하며 5·18을 폭동이라고 하는데 주저하지 않는다. 우리의 역사인식은 거꾸로 가고 있는 것인가?

이 나라의 (역사를 품은) 기념관 건축은 어느 자리에 있는가? 이 땅의 수많은 기념관 건축, 특히 건국 또는 전쟁 등 국가의 존망과 존립에 관계된 기념관들은 그 존망과 존립의 정점에 관계되었던 집단들 또는 그 집단들을 추종하는 또 다른 집단들에 의해 주도되었다. 그 기념관 안에는 존망과 존립의 난리를 몸으로 부대끼며 견뎌내고 살아낸 (그리고 죽어 사라진) 필부필부의 민중들은 들어 있지 않다.

인천상륙작전기념관이 그러하며, 용산전쟁기념관이 그러하고, 박정희기념도서관 등이 그러하다. 이 기념관들은 엄정한 형태로 비장하다. 높은 기단, 엄격한 좌우대칭, 육중한 외관, 압도적인 스케일, 의도된 동선 등은 정태적이며 위압적이다. 이 정태와 위압은 그 안에 들어선 자들을 압도하고, 또 그리하여 그 압도적 기념행위를 통하여 의도된 방향으로의 훈육을 도모한다.

인천상륙작전기념관, 협소한 오름의 공간을 거쳐 맞이하게 되는 서해를 향해 열려 있는 수평공간의 평온을 통해 관람객들은 연합군의 성공적 작전수행과 그로 인한 대한민국 자유민주주의 수호의 역사를 '새삼' 깨닫게 된다. 용산전쟁기념관의 완벽한 좌우대칭과 광막한 앞마당에 서면 2미터가 채 안 되는 우리는 쪼그라들게 되어 있다 (광장공포증은 아마 이 쪼그라짐으로 시작된다고 해야 하지 않을까?). 좌우대칭으로 낮게 들어앉은 무거운 돌 건축을 바라보며 사방이 트인 앞마당을 통해 기념관으로 들어가는 관람객들은 '왜 하필 전쟁을 기념해야 하는가?'라는 비판적 사고로부터 이미 마비되기 시작한다. 최근에 지어진 박정희기념도서관은 또 어떠한가? 2012년이란 시간이 무색한 이 기념관은 온통 전근대적 '기념비적' 장치로 채워져 있다. 높은 계단 위 입구와 거대한 원형 돌기둥의 군집으로 이루어진 이 건축물은, 그야말로 박정희란 인물을 기념할 만한 수준을 보여준다.

이 엄정하고 비장한 기념관들은 소수의 권력자들 그리고 그들의 추종자들에 의해 윤색된 역사를 물리적으로 대변하고 있다. 건국 또는 전쟁의 과정에서 희생된 피해자들의 고통은 '숭고한 희생'으로 승화되거나(정작, 정점에 서 있던 소수의 그들은 다수의 희생을 밟고 서 있다) 또는 아예 거론되지 않는다. 그리고 가해자가 '나' 또는 '내' 반대편일 경우 그 가해자들은 절대악으로 규정되며, 가해자가 '나' 또는 '내' 편인 경우에는 그 가해행위는 최악을 피하기 위한 차악으로 윤색된다.

노근리평화기념관

"이 기념관 작업에 임하는 마음은 실로 복잡하기 짝이 없다. 진실은 전쟁의 참화 속에서도 삶은 이어진다. 그 지극한 일상의 삶은 이념 또는 주의 따위에 복무하지 않는다. 이념 또는 주의는 인간 위에 군림할 수 없으며, 오히려 인간을 위해 복무해야 됨이 마땅하다.

아직 현재진행형이다. 분명한 것은 당시 죽은 이들이 체험했을 공포와 유족들의 공통이다. 섣부른 애도는 금물이다. 어떤 정치적 윤색도 안 된다. 계승할 정신이 필요한 것도 아니다. 오직 상실의 아픔만이 있을 뿐이다. 많은 부분 관람객의 몫으로 열려야 한다. 특히 학살의 현장이 아직 그곳에 있다. 기념관은 그 장소로 이어지는 통로다."[11]

건축가 이종호는 일방향으로 훈육하는 기념관을 부정한다. 그는 '일종의 기억의 정치학'으로 활용되는 역사, 모리스 알박스Maurice Halbwachs가 이야기한 '사회적 맥락과 동적인 역학에 의해 창조'되는 '집단기억collective memory'에 반하여, 푸코Michel Foucault가 설명한 '대항기억counter memory'에 근거한 기념관 짓기를 도모한다. 그가 기념관 건축에 적용하고자 하는 '대항기억'이란 '공공의 집단기억에 가려 단순한 징후로만 머물러 있던 대중의 경험, 즉 파편화된 기억들을 복원하려 애쓰는 자들이 동원하는 기억'을 말한다. 그러기 위해 그는 '섣부른 애도'와 '정치적 윤색'을 배제하며, 오직 상실의 아픔을 관람객의 몫으로 열어놓았다. 건축가는 비애에 젖은 위로와 악에 받친 추궁을 뒤로하고 피해자가 겪은 고통을 환기시키는 데 집중했다. 이 고통의 환기를 통해 관람객들은 거대역사, 정치의 역사에서 벗어나 우리의 역사로 다가갈 수 있게 된다. 기념관을 찾은 관람객들은, 이제 건축가가 의도한 체험으로 유도된다.

기념관은 잔잔한 물 위에 떠 있다. 관람객들은 수면 아래, 저 깊은

11 월간지《건축세계》, 기억의 장소, 이종호, 이하 작은따옴표(' ') 동일

곳에 있는 지하 1층 기념관 입구로 접근하게 된다. 작은 규모의 지하 전시관은 노근리 사건의 사실들만을 추려내어 보여준다. 노근리 사건의 경과를 확인한 관람객들은 길고 협소한 통로를 지나게 되는데, 이는 쌍굴 속 닷새 동안의 공포를 복원하려는 것이리라. 통로 끝에 이르면 벼락 치듯 탁 트인 높은 공간이 나타나고 1층으로 오르는 계단으로 유도된다. 1층 전시실은 잊혔던 사건을 복원시키려는 이들의 눈물겨운 기록으로 채워져 있다. 이제 2층으로 오른다. 좁고 깊은 상승의 공간을 거치면 기념관 외부로 툭 튀어나와 있는 유리박스 안에 서게 된다. 여기 '추모의 방'에서 관람객들은 유리 너머 무수한 총알이 박힌 쌍굴과 대면하게 된다. 이제 관람은 끝이 난다. 출구로 나오면 삼각형으로 찢겨진 녹슨 철판의 파편들을 옆에 두고 걷게 된다. 철판에 뚫린 구멍은 쌍굴에 박힌 총알의 은유런가? '고통의 벽'을 지난 관람객들은 쌍굴로 인도된다.

건축가 이종호는 강요되는 기억과 선악 구분의 강박으로부터 벗어나려 했다. 그는 무수한 개인들이 겪었던 처참한 고통의 기억이 사상과 이념 또는 정치적 윤색 속에서 방기되는 것을 경계하며 노근리평화기념관을 설계했다. 기념관은 총알 박힌 쌍굴을 향해 있다.

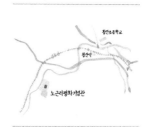

경부선 무궁화호 열차는 황간역에서 정차한다. 작은 마을 황간은 황간 초·중·고등학교가 마을 골격의 중심을 이루고 있다. 황간역 앞 도로에 노근리평화공원으로 가는 버스가 있고 공원 내에 평화기념관이 있다.

5부

삶의 한가운데서

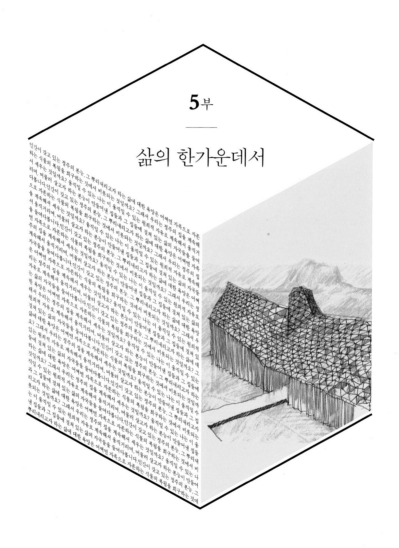

매끈함은 미^{美}이며 거침은 추^{醜}인가? 대체로 과거일수록 이 물음은 사실이었다. 서구의 고전은 반듯한 기하학과 희고 매끈한 대리석에서 장대한 미의 서사를 펼쳐 나간다. 그 옛날 미란 불변부동^{不變不動}하는 원리, 그러니까 변하지 않고 움직이지 않는 미의 발생인자, 고유의 원리가 미적 대상 내부에 온전히 놓여 있는 것이었다. 그래서 미는 '느껴야 하는 것'이 아니라 '알아야 하는 것'이었다. 그 알고 깨우쳐야 하는 것들은 대부분 반듯한 기하학과 희고 매끈한 대리석 안에 놓여 있었다.

그러나, 구태여 서구 미학의 지난한 흐름과 동양의 미적 정서를 돌아볼 필요도 없이, 거침 속에서도 아름다움은 떠오른다. 무너진 폐허 속에서도 무진장의 아름다움은 발견되며 광풍노도의 거친 바다와 천 길 낭떠러지 위에서 서구의 숭고미$^{sublime\ beauty}$는 시작된다. 조선 멧(막)사발의 이지러진 선과 거친 질감에서도 아름다움은 표표히 떠오르며 그 표표히 떠오르는 고졸과 질박을 가지런히 추려내어 이도다완은 완성되었다. 거침에서도 아름다움은, 당연히 떠오른다.

우둘투둘한 일상의 삶을 껴안을 때, 거침에서도 아름다움이 넘실거리는 것을 우리는 확인하게 된다.

어느 날, 아는 분이 '에르미타ermita'에 대한 이야기를 들려주셨다. 에르미타는 스페인 북부에 집중적으로 분포해 있는, 수도자들이나 순례자들 또는 은둔자들이 지은 작은 암자와 같은 집들을 통칭한다. 나는 이 은자들의 작은 집들을 직접 보지는 못했으나 사진작가 세바스티안 슈티제Sebastian Schutyser가 찍은 여러 에르미타 사진들을 볼 수 있었다.

변방과 오지에 띄엄띄엄 서 있는 에르미타들은 빈 공간과 그 빈 공간을 구성하는 단출한 몸체가 전부이며 과잉과 잉여의 무엇들을 찾아볼 수 없다. 그러나 이 작은 집들은 과잉이 없다 하여 추레하지 아니하며, 잉여가 없다 하여 여유로움이 없지 않다. 이 비움의 쓰임으로 순전한 변방의 작은 집들, 삶의 한가운데서 오롯이 솟아올랐던 작은 집들을 보며 표현 욕망과 인정 욕구에 떠밀리는 나는 마음의 평안을 얻고 위로와 위안을 얻을 수 있었다.

석굴의 머나먼 여정

굴을 파낸 공간 안에서 수도하는 자들이 있다. 석굴에서 고행하고 수도하는 자들은 속세와 절연하고 고립된 적막의 공간 속에서 깨달음에 이르기 위해 묵언하고 정진한다. 그들에게 석굴은 세상잡사의 고민과 생로병사의 번뇌를 털어버리는 묵상의 공간이며 삶의 근본을 향해 치열하게 사색하는 궁구의 공간이다. 석굴의 어둡고 협소한 고립된 공간은 은신과 더불어 묵상과 사색을 위한 적막함과 고요함을 전해준다.

  암벽을 파내서 공간을 만드는 개착식開鑿式 석굴은 인도에서 기원했다고 알려져 있다. 석굴은 석가모니의 출생 이전부터, 그러니까 불교의 성립 이전부터 인도 고대의 종교인들 또는 수행자들에 의해 만들어졌는데, 그 시기는 대략 기원전 1500년경 베다시대$^{Vedic, 時代}$까지 거슬러 올라간다.

석굴은 크게 수행자들이 생활하고 수행하는 공간인 비하라^{vihāra} 형식과 내부에 스투파[12]를 안치하고 참배하는 공간인 차이티야그리하$^{chaityagrha, 이하 차이티야}$ 형식으로 구분된다. 오늘날의 사찰이 승려들이 생활하는 공간인 요사채와 불상을 모시고 예배를 드리는 불전으로 구분되는 것과 같다.

인도 아잔타 석굴군^{群}에서는 비하라식과 차이티야식 평면의 명확한 차이를 확인할 수 있다. 비하라식은 정방형에 가까운 평면을 하고 있으며 차이티야식은 진입방향으로 긴 장방형의 평면으로 안쪽 깊숙한 곳에 스투파가 배치되어 있다. 차이티야식 석굴은 길이 방향으로 열주랑^{peristyle}을 형성하며 종축 평면을 형성한다. 진입하면서부터 안쪽 지성소인 스투파까지 긴 기둥 사이 공간을 지나게 되는데, 이러한 공간 구성은 진입 전개에 따른 시간적 개념이 투영되었다고 봐야 할 것이다.

인도의 석굴은 비하라식과 차이티야식, 이 두 가지 형식이 따로따로인 경우도 있고 두 가지 형식이 서로 섞이며 나타나는 경우도 있으며 또한 이것에 저것이 부속된 형태를 보이기도 하는 등 다양하게 전개되었다.

---

12 stupa, '탑(塔)' 또는 '탑파(塔婆)'로 번역되는 산스크리트어

인도에서 발원한 석굴은 불교의 전파와 더불어 인도 밖으로 긴 여정을 시작했다. 이 여정은 불교전파 루트이자 고대 동서교통로인 실크로드와 온전히 겹치는데, 인도 중부 아잔타와 바미얀 등으로부터 시작된 불교 석굴은 키질과 둔황 등의 서역(중앙아시아)을 거쳐 운강과 용문 등의 중국 대륙의 한복판을 지나 한반도로 넘어와 군위와 경주, 사천 등에 이르러 대장정을 마무리했다. 아직 일본에 보고된 석굴은 없는 것으로 보이는데, 석굴의 건축 형식은 바다를 건너지는 못했던 것으로 보인다. 석굴은 수천 년의 시간을 통과하며 수천 킬로미터를 천천히 동진東進하여 반도의 끝에서 멈춰 섰다.

반도로 들어온 석굴

그렇게 석굴은 대륙을 넘어와 반도의 끝자락으로 흘러들었다. 흘러든 석굴은 불국토를 이룩한 신라 서라벌을 중심으로 다수 세워졌던 것으로 추정된다. 경주 남산 장창곡 삼존석불, 칠불암 마애불상 그리고 단석산 신선사 마애불상군과 동천동 굴불사지 등의 유구들을 보면 경주 이곳저곳에 다수의 석굴이 존재했을 가능성이 높아 보인다. 그리고 비로소 신라의 석굴 건축은 경주 토함산 석불사石佛寺, 이하 석굴암 석굴에 이르러 그 절정에 이르게 되었다.

석굴이 이 땅에 도입되던 유입 초기에는 인도, 중국의 석굴과 같은 개착식 석굴이 지어졌을 것이다. 경북 군위에 있는 삼존석굴에서

보안암 석굴은 산 사면을 파낸 쪽을 석굴의
뒷면으로 삼고 나머지 세 개의 면은 거친
자연석을 위로 좁혀가며 쌓아올렸다.

이를 확인할 수 있는데, 군위 삼존석굴의 조영 시기는 석굴암보다 앞선 700년 전후로 추정하고 있다. 이 석굴은 자연히 생성된 천연 동굴을 이용한 것이 아니라 암벽을 개착한 것[13]인데, 석굴의 구조나 형태를 보면 개착식 석굴임에 의심의 여지가 없어 보인다. 그러나 신라 석굴의 건축방식은 개착식에서 조적식造積式으로 이행하기에 이른다. 돌을 파내서 공간을 만드는 방식에서, 돌을 쌓아올려 공간을 만드는 방식으로 공간의 구축 방식이 바뀐 것이다. 인도와 중국의 석산이 비교적 석질이 무른 사암 재질인데 반해, 한반도 땅의 석산은 노년기 지형의 단단한 화강암반으로 이뤄져 있기 때문이었다. 조적식 석굴-돌을 쌓아올려 만드는 석굴의 출현은 석질의 물리적인 차이에 기인한 것이 분명해 보인다. 경주 토함산 석굴암은 이런 조적식 석굴의 전형을 보여준다.

석굴암의 창건에 대한 내용은 『삼국유사』에서 확인 가능하다. 일연은 그 내용을 성실히 기록으로 남겼다. 석굴암은 신라 지배 권력자에 의해 조성되었으며 신라 왕실의 전폭적인 지원에 의해 유지관리되었던 것으로 추정된다. 석굴암은 당시 신라 지식사회의 과학적 수준과 예술적 심미안이 높은 경지에 이르렀음을 보여준다.

석굴암에서 느껴지는 구조적 안정감과 종교예술적 세련미는 신라 지배계층의 귀족적 정서를 총체적으로 보여준다. 석굴의 구조에서 보여주는 구조적 자신감과 정밀성은 동시대 서구의 석조건축에 비해

---

13   대한자원환경지질학회 논문 「군위 삼존석굴의 지질환경과 훼손원인」, 황상구 외 2명

뒤떨어지지 않으며, 석굴의 평면과 단면을 이루는 비례는 엄정한 기하학적 질서 위에서 이뤄졌고, 석굴 내부를 장엄莊嚴하고 있는 석조 부조와 주존불의 환조는 신라 조형예술의 극적 수준을 보여준다.

석굴 전실에 도열한 팔부신장과 금강역사 그리고 사천왕의 부조는 지고의 공간인 주실에 이르는 과정이 삼엄하고 지난한 길임을 알려준다. 이 엄숙한 진입을 거치면 우주 만물을 담고 있는 둥근 공간에 이르게 된다. 정교한 수리학적 계산과 정교한 석재 가공, 정밀 시공을 통해서 석굴암의 궁륭돔dome은 만들어질 수 있었는데, 그 시원의 공간 중심에는 좌대 위에 정좌하고 있는 불상이 놓여 있다. 참배자들은 이 불상을 우요삼잡[14]하며 깨달음에 이른 이에게 경의를 표하고 자신 또한 깨달음을 궁구했을 것이다. 이 고도로 형식화된 예식 행위에 참여할 수 있었던 이들은 대부분 성골이거나 진골 아니면 품계 높은 신라의 귀족들이었을 것이다. 석굴암은 신라 귀족문화의 결정체였다.

또 하나의 석굴

경상남도 사천시 봉명산 깊은 곳에 보안암이라 불리는 작은 절집이

---

14 우요삼잡(右繞三匝): 불상이나 탑을 중심으로 오른쪽(시계방향)으로 세 번 도는 불교의 예법, 탑돌이의 기원

형식미는 거의 찾아볼 수 없는 오로지 내용
미로서 표현된 십육나한상에서는 어떤 해
학미마저 느끼게 된다.

있다. 이 절집은 석굴 한 채, 요사채 한 채, 지장전 한 채, 총 세 채의 건축물로 작은 산지가람을 이루고 있다. 산지가람이라 하기에는 나란한 세 개 건축물의 규모는 단출하다. 절집은 봉명산 깊은 산중 산허리를 조금 벗겨내어 작은 평지를 마련하고 그 위에 조성되었다.

보안암 석굴은 1966년 석굴암 복원의 책임자이기도 했던 황수영 박사의 발견을 통해 알려지게 되었다. 그 이전까지 보안암은 '미륵암'이라고도 불렸으며 봉명산과 다솔사를 오르내리는 이들과 인근 주민들만이 아는 조용한 곳이었다.

발견 당시 이뤄진 조사에서 황수영 박사는 석굴 안에 놓인 석조 불상의 조형적 특징을 기술하며 석굴의 조성시기를 여말선초, 즉 고려 말과 조선 초로 추정했으나 후대의 다른 연구자들은 고려 전기로 추정하기도 했다. 그리고 최근 『서봉사사적』이란 고문헌에서 보안암 석굴로 여겨지는 석굴의 기록을 근거로 보안암 석굴이 신라 신문왕 4년(684년)에 조성되었다는 주장[15]도 제기되었다. 이 문헌의 정확성에 대한 문제 그리고 그 지시하는 것과 지시받는 것이 일치하는지에 대한 고증은 좀 더 필요해 보인다.

보안암 석굴은 산 사면을 파낸 쪽을 석굴의 뒷면으로 삼고 나머지 세 개의 면은 거친 자연석을 위로 좁혀가며 쌓아올렸다. 그리고 그 위에 두 개의 커다란 장방형의 돌을 얹어 지붕의 큰 틀을 짜고 빈 사이를 할석으로 채워 구조골격을 형성하였으며 외부에는 판석을 차

---

15   《경남매일신문》(2006년 12월 11일), 경남도유형문화재 제39호 다솔사 보안암 석굴

곡차곡 쌓아 빈틈을 막아 전체적인 석굴을 완성하였다. 지붕면에는 현재 시멘트가 발라져 있는데, 이는 방수 등의 문제로 최근에 와서 보수된 것으로 보인다. 지붕면 주위로 기와 조각들이 흩어져 있는 것으로 보아 당초에는 지붕에 기와를 얹었던 것으로 추정된다. 석굴은 거친 돌기둥과 창방을 가구식으로 짜 맞춰 입구를 형성하고 있으며 내부에는 촉지항마 수인을 한 불상이 놓여 있고 그 좌우로 축구공만한 돌덩이들을 거칠게 조각한 십육나한상이 각각 7구씩(좌우 각각 1구씩 소실된 것으로 추정됨) 자리 잡고 있다. 그리고 불상 앞에는 배례석으로 추정되는 석대^{石臺}가 있는데 현재는 그 위에 판석을 얹어 놓아 향로대 등으로 쓰이고 있다.

삶의 한가운데서 빛나는 석굴

보안암 석굴은 기록이 부재하거나 불명확하기에 그 기원과 연원을 명확히 밝히는 것이 쉽지 않아 보인다. 그러나 보안암 석굴의 조성 시기와 조성 이유에 대한 불명확함과는 무관하게, 석굴의 실물은 명확하고 오롯이 실재하며 오늘까지 건재하다.

돌로 귀퉁이를 줄여가면서 쌓은 석굴의 구조는 고대 분묘 건축의 수법^{말각조정식천장抹角藻井式天障, 우리말 귀죽임천장 또는 모줄임천장}을 보이는데, 이는 특별한 기술력을 보여준다고 보기 어렵다. 돌로만 쌓아올려 지붕까지 완성하는 단순한 구조에서 귀퉁이를 줄여 쌓는 방식은 쉽게 생각할 불명산 깊은 산 속에 보안암이 있다.
보안암에 이르는 길은 오솔길인데,
그리하여 보안암은 차로 갈 수 없고 걸어가야 한다.
보안암 석굴 부처님을 뵈려면 오솔길을 한참 걸어야 한다.

OTOLLO

수 있고 또 쉽게 구현할 수 있는 방법이기 때문이다. 판석을 쌓아 올린 외부 마감은 정성스럽고 품이 많이 들었을 듯하나 그 조적의 수법이 거칠고 투박하다. 내부에 안치된 주존불은 평이한 수준의 고려 초기 불상의 양식을 보이고 있으며, 좌우에 배치된 십육나한상은 거의 자연석에 가까운 돌덩이들도 여럿 끼어 있다. 보안암의 석굴은 석굴암의 석굴에 비해 기술적인 면과 예술적인 면 모두에서 비교의 수준에 이르지 못하고 있다.

그러나 보안암의 투박한 석굴은 석굴암의 세련미나 귀족적 정서와는 다른 질박과 고졸미를 보여준다. 깊은 산 경사지에 놓인 보안암에 오르는 계단의 풍광은 고졸한 미적 정서의 시작이다. 그 계단 앞에 서면 알게 된다. 산 속 작은 암자에 이르는 계단은 초록 신록에 파묻히고 짙은 이끼에 뒤덮여 고즈넉한 풍경을 완성하고 있다. 높고 안온한 계단을 올라 맞이하게 되는 작은 평지의 위안과 그 위안 위에 펼쳐진 투박한 석굴 그리고 형식미는 거의 찾아볼 수 없고, 오로지 내용미로서 부처님의 열여섯 제자를 표현한 자연석에 가까운 십육나한상에 이르러서는 어떤 해학미마저 느끼게 된다. 보안암의 석굴은 귀족적 정서가 아닌 서민적 정서로 우리 불교의 기층문화를 담아내고 있다.

보안암 석굴에 올랐던 이들은 아마도 대개가 필부필부였을 것이며, 그들은 저 너머의 부처가 아닌 바로 지금 이곳에 부처가 있기를 희망했던 사람들이었을 것이다. 보안암이 미륵암이라 불렸던 이유는, 보안암 석굴의 주존불이 석가모니불인 것과는 무관하게, 앞으로 도래할 구원의 부처이며 메시아인 미륵불을 향한 기층의 정서와 바람 때문이었는지 모른다. 아니, 분명 그러할 것이다.

인도에서 발원한 석굴은 수천 킬로미터를 천천히 건너와 신라 땅 경주와 사천 등지에서 멈춰 섰다. 파내는 석굴은 현지 적응을 통해 유래와 유례를 모두 찾기 힘든 쌓아올리는 석굴로 진화했으며 귀족의 불교문화는 밑으로 밑으로 내려와 기층문화를 이루며 거침과 투박함 속에서도 질박과 고졸을 추려내어 삶의 깊은 곳으로 스며들었다. 저 먼 곳의 석굴이 이곳 우리의 석굴로 완성되었음을 보안암의 석굴은 보여주고 있다. 보안암 석굴은 삶의 한가운데서 찬연히 빛나는 소박한 창조의 공간이다.

경남 사천 다솔사는 유서 깊은 사찰이다. 이 절에서 만해 한용운이 수도했고 소설가 김동리가 『등신불』을 탈고했다. 다솔사에서 등산로를 따라 한참을 걸으면 보안암 석굴에 닿을 수 있다.

전문가의 비전문성

모든 주권이 국민으로부터 나오는 민주주의 국가에서 민의가 배제
된 행정은 온당치 못하다. 민의가 배제된 또는 민의와 무관한 행정
은 모든 권력이 개인 또는 소수로부터 나오는 전제국가에서나 가능
할 성싶은데, 관료화된 민주주의 사회에서도 민의에 닿지 못하는 행
정이 일상 여기저기에서 반복되고 있다. 그것은 나라백성을 계몽하
고 시혜한다는 권위적 사고와 관성의 타력에 의해 움직이는 무기력
한 행정적 사고에 기인한다.

　건축행정은 그중 단연 으뜸이라 할 만하다. 중앙정부 또는 지방자
치단체에서 짓는 공공건축물은 국민 또는 주민을 위해 국민 또는 주

민의 세금으로 지어진다. 그러나 그 과정에서 국민 또는 주민은, 대체로, 배제되거나 또는 '면피'용 들러리에 머무는 경우가 대부분이다. 민을 위한 집짓기이지만 민이 필요로 하는 공간이 민에게서 나오는 경우는 드물다. 대부분 관이 발주하는 건축물 공간의 쓰임과 용도의 계획을 수립하는 이들은 건축직 공무원이거나 건축직 공무원들에게 용역을 의뢰받은 건축 전문가들이다. 그러나 이들 전문가들이 보여주는 비전문성은, 대체로, 매우 놀라울 정도라 할 만하다.

산업사회에서 '전문가'로 분류되는 부류들은, 이반 일리히의 견해에 따르면, 그들의 '전문'영역을 설정하고 카르텔을 형성한다. 그리고 그들은 그들의 전문영역 안으로 진입할 수 있는 모든 사다리를 걷어차서 독점적 영역을 구축한다. 건축'전문가' 집단들도 마찬가지다. 건축직 공무원만이 건축행정에 대한 권한(물론, 책임도 지고 있지만)을 갖고 있으며, 건축사 자격증을 갖고 있는 자들만이 설계행위에 대하여 '합법'적인 지위를 부여받는다.[16]

그러나, 카르텔은 내부에 있는 자들(생산자/전문가)의 이익 도모가 외부에 있는 자들(소비자/비전문가 또는 일반인)의 그것보다, 당연히

---

16 "더 심각한 문제는 자가(自家) 건축을 바라보는 사회적 편견이 생겨난 것이다. 자격증 있는 건축가가 그린 설계도를 제출하지 않으면 합법적으로 집을 지을 수 없게 되었다. 이전까지만 해도 카라카스 시에서는 쓰레기가 최고의 건축 재료로 재활용되었지만, 이때부터는 고형폐기물이 되어 처리하기 어려운 골칫거리가 되었다. 자기 손으로 집을 짓겠다는 사람은 유별난 사람이라고 손가락질 받게 되었다. 그런 사람은 대량 생산된 건축 자재를 공급하는 지역의 이해 단체와 협력을 거부하는 사람이기 때문이다. 또한, 수많은 법 조항이 생겨나 그의 독창성을 오히려 불법으로 규정되고 범죄행위라는 딱지가 붙는다."『누가 나를 쓸모없게 만드는가』, 이반 일리히, 느린걸음, pp. 33~34

우선순위에 있다. 이런 관점에서 본다면, '민을 위한 집짓기'란 이름으로 이뤄지는 '민의가 배제된 또는 민의와 무관한 집짓기'가 가능하다. 우리 많은 공공건축물의 태생이 이러하다. 민의와 세금이 모두 허공으로 날아가는 그러한 공공건축물이 이 땅 이곳저곳에 참으로 많이도 세워졌다.

공공건축물에 관계된 건축'전문가'들은 국민 또는 주민의 의견을 수렴한다거나 반영하는 일을, 대체로, 하지 않는다. 그들은, 대체로, 책상에 앉아서 컴퓨터로 작업하며 그 작업의 대부분은, 마치 아주 오래전 어떤 모범학생이 작성한 리포트가 이리저리 편집되어 동일한 알맹이가 '족보'가 되어 캠퍼스 대대손손 이어지듯, 기존 작성된 작업을 짜깁기와 편집하는 경우가 대부분이다. 전국의 공공건축물은 그 형태와 크기가 제각각이지만, 그 들어가 있는 용도와 쓰임은, 대체로, 유사하다. 여기 있는 것이 저기도 있고, 저기 없는 것은 거기도 없다.

건축가 정기용은 건축전문가들의 비전문성을 일갈하며, '민의가 배제된 또는 민의와 무관한 민을 위한 집짓기'판을 뒤엎었다.

건축가와 목욕탕

대전통영간고속도로는 대전을 기점으로 금산, 무주, 진안, 장수 그리고 거창, 함양, 산청을 경유하여 진주, 고성을 지나 남해안 끝마을 통

정기용은 말했다.
"그들은 평생 농업노동으로 골병이 들어 모두 뼛골이 쑤시는 사람들이라는 것을 알게 되었다.
안 아픈 데가 없는 육신이 편히 쉴 수 있는 최적의 공간은
몸을 물에 푹 담그고 쉴 수 있는 큰 욕조가 있는 공간이라는 것도 알게 되었다."

OTOLLO

영에 이르러 끝이 난다. 이 도로는 1992년 놓이기 시작하여 구간별로 순차적으로 개통되다가 2005년에 이르러 최종 완공되었다. 충청도와 전라도와 경상도를 가로지르며 26개의 터널과 660개의 다리를 건너야 되는 210킬로미터에 이르는 장대한 길이다.

이 고속도로에 붙은 무주군은 인구 2만 5천 명의 작은 농촌이다. 건축가 정기용은 고속도로의 연결로 빠르게 변해가는 무주의 풍경에 마음 아파했고 무주의 아름다운 산하와 농촌의 맑은 정서가 유지되기를 간절히 바라 마지않았다. 그리하여 그는 무주 군수와 마음을 같이하며 10여 년 동안 무주의 크고 작은 공공건축물을 설계했다.

정기용이 무주 군수에게 안성면 주민자치센터의 설계를 의뢰받았을 때, 그는 마을 주민들에게 필요한 공간을 물었다. 많은 주민들은 "면사무소는 뭐하러 짓는가? 목욕탕이나 지어주지"라고 말했고, 그래서 건축가 정기용은 건축물의 용도와 쓰임을 건축가가 직접 수립할 수 있는 권한을 군수에게 요청했고 군수는 그 요청을 승인했다. 그래서 안성면 주민자치센터 안에는 목욕탕이 들어설 수 있었다.

안성면민의 집(행정 명칭은 '안성면 주민자치센터'이나, 건축가 정기용의 명명대로 '안성면민의 집'으로 표기)에는 주민들을 위한 목욕탕이 있다. 목욕탕은 면적이 넓지 않아 짝수 날은 여탕, 홀수 날은 남탕이 된다. 이용료는 1000원, 1000원으로 논일, 밭일 하는 마을 사람들은 뜨거운 물에 몸을 담가 육신의 피로함을 달랜다. 뜨거운 물에 몸을 담글 때 얻는 위로는, 그 위로는 작지만 크다. 개별 욕실과 대중목욕탕이 없는 시골 마을에서 온욕溫浴하는 일은 쉬운 일이 아니다. 건축가 정기용은 뜨거운 물에 몸을 담글 수 있기를 바라는 주민들의 뜻을 받아들였다.

안성면민의 집은 이 사실만으로도 이 땅 어느 다른 공공건축물보다 공공의 가치가 높다. 공공을 위한 가치가 공공건축물의 존재 이유이기에 안성면민의 집은 존재가치가 명확하다. 이는 건축(학/비평)적 가치와는 별개의 문제이다. 안성면민의 집에서 건축가가 의도한 다른 건축적 요소들은, 사실 범범해 보인다. 예를 들어, 주출입구 안쪽 맞은편 부위는 통 유리벽으로 되어 있어서 덕유산 풍경의 날 것이 통으로 시야에 들어온다. 건축가는 '덕유산 자락을 각별하게 바라보는 시점의 설정을 중요하게 고려'했고, 그래서 "'우리는 덕유산 밑에 살고 있는 안성면민이다'라는 것을 건물과의 관계에서 강조한 것"이라고 했다. 그런데 논일 밭일을 하며 노상 덕유산을 대면하는 주민들에게 덕유산을 좀 더 각별한 시점에서 바라보게 할 요량이었다면, 오히려 그가 '건축에서의 프레임의 법칙'이라고 한 차경의 방법, 즉 모든 것을 일시에 통으로 다 보여주는 것이 아니라, 창 등의 개구부도 프레임(액자)을 만들어 풍경을 그림처럼 받아들이게 하는 방법이 좀 더 효과적이었을 것이다. 그러나 앞서 말했듯, 이는 목욕탕의 존재에 비하면, 안성면민들에게는 그리 실책이라 할 만한 것이 되지 못한다.

건축가 정기용의 조형적 표현력과 디테일은 그다지 세련되어 보이지 않는다. 그러나 건축가 정기용에게 건축 조형의 세련미나 건축 미학 또는 건축 철학 등의 관념적 탐구에 앞서는 것은, 평범한 민중

안성면민의 집에 있는 목욕탕은, 다만 마을 촌부들의 의견을 청취한 것을 넘어, 오늘날 전문가로서의 건축가의 역할이 어떠해야 하는지를 가슴 뭉클하게 보여주고 있다. 젖은 머리와 상기된 얼굴로 면민의 집을 나서는 마을 어르신들의 표정을 보면 그것이 왜 가슴 뭉클한 것인지를 알게 된다.

들의 일상을 껴안을 수 있는 그 어떤 따뜻한 공간이었다. 그는 그 일상의 지루함을 위로하고 또 위무할 수 있는 공간을 만들기 위해 그의 온 건축적 열의를 쏟아부었다.

안성면민의 집에 있는 목욕탕은, 다만 마을 촌부들의 의견을 청취한 것을 넘어, 오늘날 전문가로서의 건축가의 역할이 어떠해야 하는지를 가슴 뭉클하게 보여주고 있다. 젖은 머리와 상기된 얼굴로 면민의 집을 나서는 마을 어르신들의 표정을 보면 그것이 왜 가슴 뭉클한 것인지를 알게 된다.

건축평론가 이종건은 다음과 같이 썼다. "그(정기용)의 건축적 한계는 정확히, 차마 건축 패러독스의 씁쓸한 진리를 삼킬 수 없는 그의 따뜻한 감성에 있지 않을까? 너무나 인간적인 건축가 정기용 그는, 이 땅과 이 땅의 민초들에 대한 연민에 붙잡혀(그는 건물이 늘 땅에 복속되기를, 그리고 건물이 민초들의 삶에 녹아들어 그들 삶의 무게를 한 줌이라도 덜어줄 공간이 되길 바랐다.) 자신이 꿈꾸던 건축적 욕망을 소망의 언어로만 허공에 뱉은 채, 건축 패러독스 숲의 탁월한 한 증인으로 우리에게 남았다. 그 또한 증인이 되길 결코 바라지 않았으며, 불만스러운 세상에 건축가의 몸으로 맹렬히 저항했다."

건축가 정기용은 2011년 대장암으로 별세했다. 죽음의 그림자가 그에게 드리워졌을 때, 그는 그 그림자와 기꺼이 함께하기를 주저하지 않았다. 그는 죽음으로 세상을 떠나기 전까지 왕성한 일상을 멈추지 않았고, 생의 마지막 며칠 전에는 푸른 신록이 넘치는 산으로 봄나들이를 갔다. 그는 환자용 침대에 누워서, "나무도 고맙고, 바람

도 고맙고, 하늘도 고맙고, 공기도 고맙고, 모두모두 고맙습니다."라
고 말했다. 고인이 그 나무와 바람과 하늘과 공기와 더불어 평안한
영면 속에 있기를 바란다.

전라북도 무주군 안성면의 옆구리
를 통영대전고속도로가 관통하고
있는데, 안성 시가지는 고속도로 측
면에 바짝 붙어 있다. 안성면민의
집은 보건지소, 복지회관, 청소년
문화의 집과 더불어 위치하며 공공
의 힘을 빛내고 있다

막혀버린 독백

"잔잔해진 눈으로 뒤돌아보는 청춘은 너무나 짧고 아름다웠다."

박경리 선생님의 글을 들여다보며 나는 나를 돌아본다. 나에게 청춘은 돌아봐야 하는 지나간 시간이런가? '돌아보는 청춘'이란 물음 앞에 내 나이 서른여섯은 멋쩍고 또 남세스럽다. 내게도 예외 없이 찾아올 내 늙음이 내 잘못에서 비롯되는 것임이 아닐듯, 내 청춘이 내 잘남에서 오는 것 또한 아님은 두말할 필요가 없다. 고로 나는 잘나지도 않은 내 청춘의 잘남을 이야기하려는 것이 당연히 아니며 그저 이 멋쩍은 서른여섯의 나이가 아직 청춘의 끝자락이겠거니, 내 생각을 말하고플 뿐이다.

내가 지금 만신창이의 몸으로 통과하고 있는 이 청춘의 끝자락은 과연 아름다운 시간이라 할 수 있는가? 망연한 눈으로 책상머리에 앉아 있는 나를 돌아본다. 잔잔해진 눈으로 뒤돌아봤을 때, 내 지나온 청춘에 대한 회한이 달라붙지 않기를 나는 간절히 바라나, 난 내 늙음에서 바라보게 될 내 청춘이 아름다울지 비루할지를 알지 못해 서글프다. 박경리 선생님의 글이 벼락처럼 따귀를 후려친다.

건축가 이일훈 선생님은 내 아버지 연배시다. 장강대하와 같은 술을 드셨을, 환갑을 넘기신 선생님을 나는 우러러본다. 큰아들뻘인 내게 선생님은 가끔 소주를 사주시는데 그러면 나는 끝까지 남아 얻어 마신다. 술에 대한 기갈만큼이나 삶에 대한 목마름이 그렇게 나는 크다. 한날 선생님께서 잔에 술을 부어주시며 말씀하셨다.

-올해 네가 몇이냐?

-서른여섯입니다.

-꽃다운 나이다. 세상은 어렵다. 쉽게 움직이지 말아라.

쉽게 움직이지 말라는 말은 육십갑자를 통과한 상형문자 같았다. 해독 불가능할 것 같았던 그 말은 아직도 해독 불가능이다. 나는 아직 몽매한 청춘임은 분명한가 보다. 내 몽매의 청춘은 오락가락하며 갈대같이 흔들리고 부평초같이 떠다닌다. 갈지자로 파행하는 내 미숙함은 상형문자 앞에서 우두커니 서 있다. 이하, 경칭은 생략한다.

변하는 것과 변하지 않는 것

건축가 이일훈은 서른 해 넘게 건축 작업을 해왔다. 그런데 그의 건축은 한 해 전에 설계한 건축과 서른 해 전에 설계한 건축이 크게 다르지 않아 보인다. 다만 새로 지은 건축은 깨끗하며, 서른 해 전에 지은 건축은 흙때와 물때와 손때로 그 통과해낸 시간을 증거하고 있을 뿐이다. 한 건축가의 생각과 자장磁場이 30년의 시간을 건너왔음에도 큰 차이가 없다는 것은 흉인가 아니면 복인가?

불현듯, 건축가 필립 존슨Philip Johnson, 1906~2005이 생각난다. 100년을 장수한 미국 건축가는 그의 생애를 통틀어 무수히 많은 스펙트럼을 보여주며, 그 스펙트럼으로 근현대건축사의 주요 장면들을 물들였다. 그는 고전건축의 종말을 목격했으며, 근대건축의 탄생을 주도했고 또 그 근대건축에 작별을 고했다. 그는 탈근대를 향해 포스트모더니즘을 세상에 내어놓았으며, 그 포스트모더니즘의 지리멸렬한 끝자리에 다시 해체주의를 세상에 소개했다. 한 건축가가 이토록 장대한 건축의 역사를 통과하며 각 장마다 스펙터클한 족적을 남긴 것은 경이로운 일이 아닐 수 없고 그 다른 유례를 찾을 수 없다.

이일훈이 극동 변방의 한국 건축가인 것과, 필립 존슨이 세계 중심의 미국 건축가인 것은 그들이 지은 건축물들과 관련이 없다. 그 둘은 모두 건축가이며, 그 둘은 서로 다를 뿐이다. 나는 시간과 함께 계속해서 변해가는 건축의 '진화'만큼이나 시간의 흐름 속에서 점점 더 굳어지는 건축의 '경화' 또한 어떤 의미가 있다고 생각한다.

기찻길 옆 공부방.
건축가 이일훈은 인천 만석동 판자촌 괭이부리말에 공부방을 설계했다.
이 공부방을 통해, 이일훈은 건축가의 사회적 역할과 책임에 대한 무서운 질문을 던지고 있다.

내 건축은 내 삶뿐이다

10여 년 전, 건축가 이일훈은 "한 덩어리를 보면 자꾸 나누고 싶어진다"라는 글을 썼다. 이 글은 그의 건축이 어떤 모습으로 전개되어왔고 또 어떻게 흘러가게 될지를 알려준다. 글은 "내 문학은 내 삶뿐이다"의 꼬리를 물고 시작한다.

시인 유용주는 그의 산문집 『그러나 나는 살아가리라』에서 "내 문학은 내 삶뿐이다"라고 썼다. 시인 유용주에게 문학은 삶에서 비롯되는 것이며 그 삶은 결국 문학을 압도하는 것이다. 시인의 명료한 한 줄 문장은 문학은 삶에서 와야 한다는 단호한 외침이며 선언이다. 이일훈은 '건축은 삶에서 와야 한다는 그 당연한 한마디를 위해' 시인의 말을 빌리며, '한 덩어리를 보면 자꾸 나누고 싶어'하는 자신의 생각을 전개해 나간다. 건축가 이일훈에게, 그의 건축은 그의 삶뿐인가 보다. 삶에서 비롯되는 건축을 짓기 위해 그는 '채나눔'이란 방법론으로 집짓기를 도모한다.

그에게 건축은 건축 내부에서 비롯되는 것이 아닌 삶에서 비롯되는 것이기에, 이일훈이 이야기하는 채나눔의 바탕은 건축 그 내부의 이야기가 아닌, 건축을 둘러싸고 있는 삶의 행태들을 둘러보는 것으로 시작된다. 그 삶의 행태들에 의해 비롯되는 집짓기의 방식이, 그가 말하는 채나눔의 뼈대다. 그렇다면 오늘날 우리 거주의 모습은 어떠한가?

사람은 주어진 환경을 제 몸으로 받아내며 살아간다. 사람은 생각하는 존재로서, 관념의 힘으로 세계를 펼쳐 나가고, 그렇게 펼쳐진 세계 속에 제 몸을 부딪히며 살아간다. 근대적 사고가 투사 또는 투영된 근대적 또는 현대적 삶의 공간은 인공의 힘으로 조절되는 안락을 추구하고, '합리'라는 명분으로 최소한 만큼만 움직이게 한다. 이 과정에서 인간은 인공의 공기로 들숨을 해결하고 인공의 설비로 날숨을 해결한다. 움직임이 근본적으로 불합리의 굴레를 뒤집어쓰게 되는 공간에서 우리의 몸은 부동^{不動}을 미덕으로 비대해진다. 그리고 이를 위해 자연은 인간에 대한 봉사를 짊어지며 비쩍 말라가고 또 불모해지고 있다.[17]

그래서 이일훈은 '편리' 뒤에 매몰되어가는 '불편함'의 가치를 회복시키고자 하며, '안'에서 지지고 볶는 권태의 삶에서 벗어나 '밖'에서 별과 바람과 눈과 비를 직접 맞기를 권유한다. 그리하여 그는 '쪼그라든' 우리의 삶이 여유와 평강 속에서 '늘려'지기를 소망한다. 그리고 그 여유와 평강 속에서 불모해지는 자연과 나태로 병들어가는 몸과 마음의 치유가 함께 이뤄지기를 희망하고 있다.

이일훈이 말하는 '불편하게 살기'와 '밖에 살기'와 '늘려 살기'는 건축물의 덩어리를 쪼개서 나누는 채나눔을 통해 이뤄진다. 채를 나누는 것. 채나눔이란 용어는 그 자체가 방법에 다름 아니다. 그는 이

---

17 『다시, 관계의 집으로』, 최우용, 궁리. 저자가 자신의 글을 인용하는 것이 게으름이라 할 만하여 부끄럽고 또 민망하다. 그러나 건축을 둘러싼 삶의 모습들이 인용 글을 썼을 때와 지금이 별반 다르지 않다는 것과 앞으로도 쉽게 달라지지 않을 것이란 생각이 들어 슬프다. 게으름에 대한 변명이 용서되기를 바라며 졸문을 인용한다.

단순하며 간단한 방법을 통해 여러 건축물들을 설계해왔는데 그 덩어리가 나뉜 집들은 대체로, 좀 더 많은 외부공간을 만들고, 더불어 좀 더 많은 빛을 받아들이며 좀 더 많은 바람을 통과시키고, 또 참을 수 있을 만한 불편함으로 좀 더 움직이게 하는 데 성공하고 있다.

오래전 지은 '탄현재'와 '궁리채'부터 최근에 지어진 '잔서완적루'를 통해 작은 살림집에서 채나눔이 어떻게 적용되었고 또 어떻게 작동되고 있는지를 확인할 수 있으며, '가가불이'와 '재색불이' 같은 다가구 주택과 민박집을 통해 서로 다른 세대 또는 서로 다른 객客들이 어떻게 적당히 외면하면서도 또 적당히 어울릴 수 있는지의 고민을 볼 수 있다. 또한 '자비의 침묵 수도원', '도피안사 향적당'을 비롯한 그가 설계한 많은 종교 건축물에서는 쪼개서 나눈 덩어리 사이를 오가는 수사들과 신자들의 여유와 평강을 감지할 수 있다. 나는 그들과 직접 대화하며 그 여유와 평강을 느낄 수 있었고 알 수 있었다.

채나눔은 만들기 방법론을 포함한 삶을 끌어안는 방법이기에, 채나눔으로 만들어진 집들은 소외된 삶과 가난한 삶 그리고 소외되고 가난한 그들과 더불어 살려는 삶들까지를 끌어안는다. '기찻길 옆 공부방'은 도시빈민촌에 깃든 거친 콘크리트로 빛나는 '작품'이며 '민들레 희망지원센터'와 '부평 노동자인성센터'는 길에서 잠드는 이들과 가난한 노동자들을 위한 쉼터와 배움터로 찬란하다. 가난하고 소외된 이들과 이 가난하고 소외된 이들과 기꺼이 함께 하려는 이들이 거처하는 이 공간은 극히 한정된 예산 속에서 지어졌으나 조악하지 않고 궁상맞지 않다. 이 집들은 보여지는 모습에 헛심 쓰지 아니하며 삶에 깃들 수 있는 알짜의 알맹이에 집중한다. 이 가난하고 소외된 이들과 이 가난하고 소외된 이들과 기꺼이 함께 하려는 이들의 집들은 싼 값으로 값지게 지어졌다. 이 집들은 눈을 현혹하지 않으며 다만 맹렬히 삶에 집중하고 있다.

이일훈의 글은 수사적이지 않으며 중언부언하지 않는다. 그의 건축은 그의 글과 같아서 장식적이지 아니하며 단순하고 명확하다. 그는 현학적 글쓰기를 경계하며 난삽한 철학에 기댄 집짓기를 거부한다. 그가 지은 집들은 오롯이 그의 명징한 생각들과 겹쳐진다.

삶에서 건축을 건져 올리는 건축가들을 위하여

이제 여기서 나는 새뮤얼 모크비Samuel Mockbee, 1944~2001와 자이메 레르네르Jaime Lerner, 1937~를 떠올린다. 이 건축가들은 자하 하디드나 안도 다다오같이 대중들에게 널리 알려지고 잘 '팔리는' 스타 건축가들이 아니다. 새뮤얼 모크비와 자이메 레르네르는 그들의 삶과 건축 작업을 통해, 그들의 건축은 그들의 삶뿐이라고 말하고 있다.

2004년 미국건축가협회AIA는 망자가 된 건축가 새뮤얼 모크비에게 골드메달을 수여했다. 새뮤얼 모크비는 1992년 앨러배마 주에서 두 번째로 가난한 마을인 헤일 카운티Hale County에 오번 건축대학교의 교수와 학생들과 함께 스튜디오(작업실)를 만들었다. '루럴 스튜디오rural studio'란 작명은 중심에 머무르지 않고 지방과 변방으로 스며들고 새뮤얼 모크비가 설계한 Smoke house, 그는 "부자든 가난한 자든, 모든 사람들은 마땅히 영혼의 셸터 shelter를 가져야 한다"고 생각했다.

자이메 레르네르가 설계한 오페라 극장. 그는 자본에 건축을 복무시키기에 앞서 삶에서 비롯된 건축을
스스로 만들어 나가며 건전하면서도 지속가능한 삶을 구상했다.

자 했던 모크비의 생각을 반영하고 있는 것이리라.

모크비는 이 지지리도 못살고 소외된 흑인 마을에서 학생들과 함께하며 그들의 건축적 재능과 노동력 그리고 기부금과 기부 받은 재료들을 창조적으로 활용하여 '환경적으로, 미학적으로, 그리고 기술적으로'도 충분히 주목받을 만한 집들을 만들었다. 그는 "부자든 가난한 자든, 모든 사람들은 마땅히 영혼의 셸터^{shelter}를 가져야 한다"고 생각했다. 그리고 그는 몸소 실천했다.

브라질 쿠리치바 시의 3선 시장과 파라나 주의 주지사 그리고 세계건축가협회(UIA) 회장을 역임한 자이메 레르네르는 파라나 연방대학교 건축과 출신의 건축가다. 그는 서른넷 젊은 나이에 쿠리치바 시의 시장으로 당선되어 빈민촌과 실업자로 시름하던 쿠리치바 시를 '환경적으로 건전하면서도 지속적으로 성장이 가능한 미래의 생태도시'로 일신시켰다. 그는 부수고 새로 짓는 건축행정이 아닌 고치고 덧대어 짓는 방식으로 소외된 변두리마다 소규모 도서관 '지혜의 등대^{Farol do Saber}'를 세우고, 통나무 폐전신주를 재활용한 환경개방대학^{ULMA}과 폐광지에 파이프와 철사로 만들어진 오페라극장^{Opera de Arame}을 직접 설계했다. 그는 자본에 건축을 복무시키기에 앞서 삶에서 비롯된 건축을 스스로 만들어 나가며 건전하면서도 지속 가능한 삶을 구상했다. 그리고 그는 몸소 실천했다.

삶에서 건축을 건져 올리는 건축가들. 그들은 그 당연한 집짓기를 하기 위해 여기서 또 저기서 고군분투했다. 자본의 자장 안으로 녹아들어가는, 그래서 이제는 '윤리'라는 덕목을 거의 찾아보기 어려운 오늘의 건축판 위에서 그들은 기어코 삶에서 건축을 건져 올렸다. 루쉰의 말을 빌리자면, 그들은 캄캄한 방에 뚫린 작은 구멍을 통과하는 한줄기 빛과 공기가 아니겠는가?

우리의 집은 우리의 삶뿐이다

이제 다시 건축가 이일훈의 이야기로 돌아간다. 다시 경칭으로 그를 선생님으로 부른다. 언젠가 홍대의 바람 잘 부는 술집에서 선생님이 말씀하셨다.

　보편적인 범주 안에서, 보편적인 형태로, 보편적인 방식을 동원하여 집 짓는 것은 오늘날 누구에게도 주목받기 힘들다. 그 '보편'이라는 것은 생각의 권태와 만들기의 관습을 의미하는 것이 아니라, 지난한 일상을 끌어안을 수 있는 삶에서 오는 보편인 것이다. 그래서 그렇게 건축을 만들어왔던 나는 그 주목받기 힘든 보편적인 '평범한' 건축을 하면서, 사실 초조했다. 그러나 나는 이 급류의 건축판에서 남들이 쉽게 주목하지 않는 이야기를 했기에 오히려 주목받을 수 있었다. 그런 면에서 나는 운이 좋았다. 네가 건축으로 밥 벌어 먹기는 점점 더 힘들 것이나 초조해하지는 말아라. 시간은 가고 시간은 또 온다.

　이제 환갑을 넘기신 선생님의 건축은 아마 완숙의 경지에서 보다 자유로울 듯하다. 나는 선생님과 선생님의 건축을 조금만 더 맴돌면서 내 몽매한 밥그릇을 키워야겠다. 내 건축은 내 삶뿐이(고 싶)다.
그리고 감히 말하건대, 우리의 집은 우리의 삶뿐 아니겠는가?

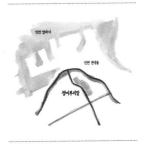

인천 동구 만석동은 '괭이부리말'이
라고도 불린다. 이 동네 일대의 지
적도를 들여다보면 잘고도 잘게 잘
려진 필지구획에 놀라게 된다. 빈민
촌에 깃드는 건축이 무엇이어야 하
는지를 기찻길 옆 공부방은 보여주
고 있다. 공부방의 위치 표시는 생
략한다. 괭이부리말을 거닐다가 공
부방을 보게 되면 사진은 찍지 말고
덤덤히 보기만을 권유한다.

바람찬 섬

유라시아대륙의 차디찬 대지를 쓸고 내려오는 북쪽의 바람과 동지
나해의 뜨거운 바다를 훑고 올라오는 남쪽의 바람 그리고 태풍이 몰
고 다니는 광폭한 바람과 무시로 불어오는 계통 없는 봉두난발의 바
람들. 제주는 바람으로 가득 찬다. 제주의 바람은 섬 온 곳을 헤집고
다니며 사람 사는 마을을 돌아가거나 비껴가지 않는다.

　제주의 집들은 이 바람 저 바람과의 전방위적 싸움을 이어왔다.
제주의 초가들은 낮은 자세로 응전하며 이길 수 없지만 질 수 없는
싸움을 이어왔다. 제주의 바람을 처음 맞이하는 것은 돌담이다. 제
주의 구멍 뚫린 높은 돌담은 바람을 막아서며 뚫린 구멍으로 바람을

쪼개서 흘려보낸다. 쪼개진 바람은 본대의 집중력을 잃고 구멍 사이로 흘러들다 기진하여 소멸한다. 그래서 높은 돌담은 강한 바람을 맞이하여 자립과 동시에 방풍의 역할을 수행할 수 있게 된다. 그럼에도 몇몇의 바람은 기어코 돌담을 넘어 든다. 제주의 초가는 낮게 엎드려 둥근 지붕으로 담 넘는 바람들을 흘려보내려 하는데 더 낮게 불어와 올려치는 바람은 지붕을 들어 올리려 한다. 지붕 밑에서야 삶은 온전할 수 있다. 그래서 제주의 초가는 굵은 줄로 지붕을 촘촘하게 얽어매어 바람에 저항한다. 상방上房 그러니까 뭍의 대청에 해당하는 열린 마루에는 풍차風遮를 달아 비바람을 막고 초가 몸체의 모서리는 각을 세우지 않고 둥글게 굴려서 바람을 흘려보낸다.

제주의 초가는 수백 년의 시간을 통과하며 돌담의 높이와 구멍의 크기와 지붕의 물매 그리고 고삿의 두께와 모서리의 곡선을 천천히 그리고 섬세하게 조절해 나갔을 것이며, 이로써 바람과의 싸움에서 대체로 패하지 않을 수 있었다.

그럼 제주 초가의 꼴과 구조는 바람에 의해서 결정된 것인가? 환경에만 반응하는 것이 인간의 삶이라면 그 삶은 너무 가난하고 또 가련하다. 제주의 초가는 환경결정론이란 단순납작한 폐기된 이론으로 뭉개버릴 수 없다. 바람을 흘려 넘기는 제주 초가의 곡선에는 살아내고자 하는 의지와 더불어, 알타미라의 동굴 벽에 들소를 그리고 반구대의 절벽에 고래를 그리던 포기되어질 수 없는 삶의 심미가 포함되어 있으며 순응과 적응 사이에서 짜내져 나온 삶의 지혜가 들어 있다.

마라도 억새 벌판 위에 서 있는 성당. 봉두
난발의 바람들은 곡선의 몸통과 지붕으로
유연히 흘려 보내고 있다.

제주 낮은 집들의 아름다움은 '형태와 목적 사이의 강한 결합에 있고 꾸밈이나 과잉이 없음에 있다'.[18] 이 목적은 다만 비를 막고 바람을 흘려보내는 것을 넘어 삶의 총체적 이해에서 비롯된 모든 것들을 포함한다. 무리를 이루지 않는 산개한 제주의 초가들은 밭농사 중심의 경제기반 위에 서 있으며 부모세대와 자녀세대를 안거리와 밖거리로 채 나눠 함께 살던 바탕에는 뭍과는 다른 제주만의 소가족 중심의 개체적 삶의 방식이 놓여 있다. 제주 낮은 집들의 꼴과 구조는, 다만 바람에 반응하고 기능에 따르는 것이 아니라, 삶의 총체적 이해에서 비롯되었다.

낮은 집들

제주 바람이 무섭다는 말은 모슬포에서 선명해진다. 몹쓸 포라던가, 못 살 포라던가, 몹쓸포 또는 못살포가 모슬포가 되었다는 지명의 유래는 모슬포 바람이 이곳 모진 삶의 근원임을 알려주고 있다. 바람 부는 모슬포에서 출발한 정기 여객선은 가파도를 지나 마라도항에 입항한다.

마라도는 사람 살지 않는 섬이었다. 1883년 모슬포에 살던 가난한 농어민 네댓 가구가 화전을 일구기 위해 마라도로 들어갔다. 그들은

---

18 『세계의 건축문화(Commonsense Architecture)』, John. s. Taylor, 정무웅 역, 기문당

섬에 불을 놓았고 원시림은 농경지로 일변했다. 마라도에 들어온 그들이 지은 집은 그들이 원래 살던 모슬포의 집들과 다르지 않았을 것이다. 그들은 지천에 널린 현무암으로 구멍 뚫린 높은 돌담을 두르고 낮고 둥근 지붕의 초가를 짓고 살았을 것이다. 다시 백 몇십 년이 흐른 지금 흙벽은 콘크리트벽으로 바뀌었고 지붕은 억새에서 슬레이트로 바뀌었으나 그 집들은 아직도 높은 돌담을 두르고 낮은 물매의 경사지붕으로 바람을 흘려보내고 있다.

마라도에는 현재 40여 채 가옥에 100여 명이 살고 있다. 이 섬에 있는 집들을 둘러보는 일은 반나절도 걸리지 않는다. 이 집들의 대부분은 '심봉사가 눈 뜬 짜장면'이라든지 '철가방을 든 해녀'라든지 '환상의 짜장'과 같은 짜장면집들이고, 나머지는 이 짜장면집들을 경영하는 이들의 살림집이며, 그 나머지는 이 살림살이들을 경영하기 위한 발전소, 보건소, 파출소, 초등학교며 절집, 교회당, 성당들이다. 이 집들의 수는 40여 채를 넘지 않는다.

이 집들은 대부분 1층이거나 2층인데 얇은 콘크리트벽이나 가느다란 철골 기둥, 가벼운 샌드위치패널 지붕 등으로 집 꼴을 이루고 있다. 어떤 집들은 학교 또는 성당, 교회당이란 이름으로 단정한 박공지붕과 뾰족한 종탑의 상징을 갖고 있는데 그 상징의 정도는 가볍고 또 가볍다. 이 박공지붕과 뾰족탑은 다만 박공지붕과 뾰족탑으로만 보일 뿐이다. 마라도의 집들은 이 바람찬 섬의 지배적 환경과 정서인 바람 부는 수평 억새밭에 띄엄띄엄 흩뿌려진 채 납작 엎드려 있다.

이종건은 말했다.
"그러니까 자아의 경계를 넘어서는 건축이 선하다고 해야겠다."

마라도의 건축계는 이런 40여 채의 집들로 구성된다. 건축'계^界'라 말할 수 있는가? 마라도의 집들을 양식^{style}이란 이름으로 묶을 수 있을 것인가? 마라도의 집들을 맥락^{context}이란 이름 아래 가지런히 줄을 세울 수 있을 것인가? 아니면 각 집들을 구성하는 꼴들을 들여다보며 개념^{concept}이란 것을 뽑아낼 수 있을 것인가? 이 바람찬 작은 섬의 집들을 둘러보며 집짓는 일을 밥벌이로 하고 있는 나는 니힐리즘의 경계를 서성이게 된다. 견고한 모든 것들은 대기 속으로 사라진다. 건축이란 이름으로 쌓아 올린 사^史와 학^學과 론^論이 일순간 증발하여 대기 속으로 사라지는 환영이 보인다. 억새 벌판 위 망망한 바다의 빈 풍경 속에 점점이 박혀 있는 한 줌의 낮은 집들에서 양식과 맥락과 컨셉 그리고 사와 학과 론은 무효하다. 그렇다. 무효하다. 마라도의 집들에서 나는 그것들의 무효함을 생각한다.

그럼, 건축이란 무엇인가? 라는 물음이 무섭게 다가온다. 건축의 견고한 돌담 안에서 이뤄졌던 견고한 많은 것들이, 그럼 그 돌담 밖에서 바라보면 도대체 그것들은 모두 무엇이란 말인가? 나는 지천명을 넘어 환갑에 이른 한 건축평론가의 고해성사와 같은 어떤 글을 떠올린다.

……그리고 그와 상관없이 한결같이 묻고 또 묻지만, 당신이 하는 건축은 당신을 제외한 다른 모든 이들에게 도대체 어떤 가치가 혹은 의미가 있는가? 직설적으로 묻자면, 당신의 건축은 우리에게 하찮지 않은가?

나는 지금, 건축이 대단한 것처럼 떠들던 뭇 선배들을 떠올린다. 물론 나도, 나의 동료들 또한 거기서 자유롭지 않다. 건축은 정말 우리에게 대단한 것이라고 해명해줄 수 있는 사람이 여전히 우리 주변에 있는지 궁금하다. 혹 있거든, 대단한 건축이 성립될 수 있는 여건이나 조건은 무엇인지도 묻고 싶다.

내가 보기에 건축은 별것 아니다. 기껏해야 자아도취이거나 자아만족이거나 자아실현, 곧 자아의 한계에 갇혀 있을 뿐이다. 그러므로 좀더 우리 자신의 삶에 진솔하고, 좀 더 우리 일상의 삶을 위로할 수 있고, 주변과 타자를 좀 더 배려하고, 자태나 꼴들이 좀 더 소박하고 좀더 간결하고, 좀 더 조용할 수 있는 건축이 그나마 덜 소비적이고, 더윤리적이고, 그래서 더 아름답다고. 그러니까 자아의 경계를 넘어서는 건축이 선하다고 해야겠다.

이 글은 건축을 관통하는 학과 론과 사의 지난한 지적 노정을 회피하려는 무력한 지식인의 글이 아니다. 이 글은 다만 우리의 삶을 진정으로 위로해줄 수 있는, 인정 욕구에 함몰되지 않은 사람들의 집, 그 덜 소비적이고 더 윤리적인 집을 말하며 소외된 건축가들과 그 소외된 건축가들이 지은 집에 사는 이들을 위로하고 또 위무한다. 이 글을 읽으며 잔챙이 건축인인 나는 커다란 위안을 얻음을 고백한다.

마라도의 집들에서 자아도취 또는 자아만족 또는 자아실현을 위해 고군분투하는 건축가들을 떠올리기는 쉽지 않다. 저 식상하고 허름한 단층 또는 복층의 낮은 집들은 아마, '건축가'란 사회적 명성에 기갈을 느끼는 이들이 설계한 집들은 아닐 것이다. 그 집들은 얇은 콘크리트 벽이나 가느다란 경량 철골 기둥과 가벼운 샌드위치패널 지붕 따위로 집 꼴만 어느 정도 유지하고 있을 뿐, 건축학 또는 미학 등의 단어와는 아무런 관련이 없어 보인다. 이 집들에게서 무엇을 보아야 하고 무엇을 생각해야 하는가?

이 집들은 다만 먹고 자기 위한 살림집의 기본적인 꼴만을 이루고 있으며, 저 집들은 다만 팔기 위한 상점의 물리적 틀과 공간만을 만들고 있고, 어떤 집들은 학교 또는 성당, 교회당이란 이름 아래 박공 지붕과 뾰족탑으로 학교와 성당, 교회당이란 상징을 아주 조금 갖고 있을 뿐이다. 저 집들에서 잉여향유剩餘享有, 즉 남아서 즐길 만한, 건축의 이름으로 향유되고 이야기될 만한 무엇을 찾아보기 힘들다. 그러나 저 집들에서 마라도의 삶은 무탈하게 이어져왔고 또 아무 탈 없이 이어질 것이 분명하다. 여기 마라도의 집들을 둘러보며 잉여향유를 빚어내는 어떤 건축을 이야기하는 것은 어려울지 모르나, 그 잉여향유의 이름으로 이 작은 섬의 집들이 개인들의 자아 한계 속에서 일그러진 채 전개되지 않는 것을 어쩌면 나는 다행으로 생각하는지도 모르겠다.

다만 나는 어느 건축평론가의 말처럼 좀 더 우리 자신의 삶에 진솔하고, 좀 더 우리 일상의 삶을 위로할 수 있고, 주변과 타자를 좀더 배려하고, 자태나 꼴들이 좀 더 소박하고 좀 더 간결하고, 좀 더 조용할 수 있는 건축이 이곳 마라도의 낮은 집들에 조금만 아주 조금만 보태져 그나마 덜 소비적이고, 더 윤리적이고, 그래서 더 아름다울 수 있기를 간절히 또 간절히 소망하고 있을 뿐이다.

하루 일곱 번 있는 모슬포-마라도간 정기여객선에서 내린 관광객들은 짜장면집으로 몰려간다. 나는 야외 의자에 앉아 톳이 들어간 짜장면을 후루룩거리며 낮게 엎드린 집들을 들여다본다. 이 무명의 거친 집들은 계속해서 바람을 흘려보내고 있다.

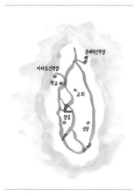

모슬포에서 마라도행 정기 여객선이 하루 대여섯 차례 운행된다. 마라도는 망망한 바다 위 고구마 모양으로 떠 있는데, 일주도로가 섬 둘레를 돌고 있으나 돌아다니는 차는 없다. 두 다리로 걷는 길인데 섬 일주에 30분이면 족하다. 봉두난발의 바람 부는 마라도에는 억센 억새가 지천으로 서 있다.

삼천포 늑도에서
다산을 생각하며

삼천포 늑도에서

로마는 하루아침에 이루어지지 않았고 또 하루아침에 무너지지 않았다. 로마의 건국신화는 로물루스가 늑대의 보살핌을 받으며 그 늑대의 젖을 먹고 자랐다고 전한다. 로마를 건국한 이는 인간사회와 격리된 문명 밖에서 성장했으나, 그는 다시 그 문명의 안으로 파고들어 서양 고대 문명의 찬란한 기틀을 마련했다. 로물루스는 작은 언덕 위에 작은 왕국을 세웠고, 왕들의 작은 나라 로마는 공화정을 거쳐 황제가 다스리는 광대한 대제국 로마에 이르렀다. 기원전 753년에 발원한 작은 왕국 로마는 천년의 시간을 가로지르며 대제국으로 완성되었다.

무수한 시간이 흘렀다. 대제국 로마는 동과 서가 갈리고 그 갈린 동과 서는 다시 사분되고 오열되었으며 너덜너덜해지다가 서서히 죽어갔다. 광활한 영토의 대제국은, 한순간 한 번의 전투로 쓰러지는 드라마틱한 비극의 스펙터클로 산화되지 못했고, 조금씩 쇠락과 퇴락을 반복하며 지리멸렬하게 사라져갔다. 일격에 고꾸라지는 거인의 장렬한 죽음은 없었으며 마치 임종 지키는 이 하나 없는 행려병자의 마지막과도 같은 황량한 죽음이었다.

도시의 흥망성쇠는 역사를 관통하며 예외를 용인하지 않는다. 도시의 명멸明滅은 이 도시 저 도시를 비껴가지 않는다. 카피톨리노 언덕 위의 작은 도시는 유럽대륙과 소아시아, 북아프리카를 아우르는 세계 중심의 대제국을 일구었고 다시 폐허의 변방으로 사라졌다.

지금의 로마에는 2000년 전의 영광을 보여주는 박제된 콜로세움과 바실리카와 더불어, 그 박제된 건축과는 눈곱만큼도 상관없어 보이는 낡은 식당들과 오래된 살림집들이 뒤엉켜 있다.

삼천포시는 1994년 사천군과 통합되어 사천시가 되었다. '삼천포'라는 지명의 행정적 지위는 사라졌으나 조선왕조 수백 년을 관통한 관습적 지위는 아직도 선연하여 삼천포항, 삼천포여자중학교, 삼천포대교 등에 달라붙어 있다.

삼천포대교는 사천시와 남해군을 연결하는데, 두 시와 군 사이에 작은 섬 늑도가 끼여 있다. 다리가 섬 위를 가로지르기 전까지 늑도는 하루에 배 몇 편 드나드는 작은 섬이었고, 지금도 대교의 교각을 받치고 있는 한가로운 섬마을로 조용하다.

1981년, 늑도에서 상상할 수 없을 만큼의 초기철기시대의 유물과 유적이 발굴되었다. 항아리, 그릇 수만 점을 비롯하여 생활 잡기, 세형동검과 장신구 그리고 주거지의 흔적들이 여기저기서 쏟아졌다. 발굴된 집자리는 254동이었으며 창고로 추정되는 고상주거지 15동이 함께 발굴되었다. 늑도 유적에서 발굴된 유물의 양은 남한 다른 어떤 곳에서 발굴된 동시대 유물의 총량보다도 많았다.

건국자와 개국연도까지 기록된 로마와 달리 늑도의 찬란했던 부를 이뤄냈던 정치세력 또는 정치집단에 대한 기록은 아무것도 남아 있지 않다. 다만 남겨진 유구遺構들을 통한 추론과 상상을 통해 그 옛날 늑도의 영광을 떠올릴 수 있을 뿐이다.

2000년 전, 한반도 정치지형의 얼개는 촘촘하지 않았을 것이다. 늑도는 아마 변한과 가야 지역에 명멸했던 수많은 독립된 정치세력 집단의 하나였을 것이며 중개무역을 통해 부와 힘을 쌓아올렸을 것이다. 구들의 흔적이 남아 있는 주거지 유적에서 2000년 전 북방식 최신의 난방 설비가 남쪽 끝 섬까지 흘러든 것을 확인할 수 있고 고상주거의 흔적들을 들여다보며 섬이 창고에 쌓아놓은 부를 짐작할 수 있다.

이 찬란했던 늑도의 영광은 언제 어느 때 땅 속으로 묻힌 것인가? 이 영광은 바다 건너온 세력에 의해 한순간에 결딴 났을 수도 있고 무역 중심지 이동에 따라서 서서히 사라졌을 수도 있다. 늑도 유적은 찬란한 영광의 기억과 동시에 마지막의 허망함을 불현듯 일깨운다. 늑도는 사는 것이 그러한 것이고 역사란 것이 그러한 것이라고

영팡과 오욕 사이에 비껴 있는 지루하며 찬
란한 일상은 어제도 오늘도 그리고 내일도
계속될 뿐이다. 한가로운 늑도의 올망졸망
한 몇 채의 살림집과 식당과 상점들을 보며
나는 그런 생각을 해본다.

우리에게 말하고 있다.

지금의 로마에서 옛 로마의 영광은 돌로 된 화석 같은 건축물들을 통해서만 떠올릴 수 있다. 지금의 늑도에서 옛 늑도의 영광은 흙으로 빚어진 깨진 그릇들과 녹슨 쇠붙이들 그리고 흔적만 남은 집자리를 통해서만 떠올릴 수 있다. 그러나 그 영광의 흔적들과는 무관한 일상의 삶은 로마에도 또 늑도에도 지천으로 널려 있다.

변방은 중심이 되고 그 중심은 다시 변방으로 흩어진다. 변방과 중심은 서로 그 자리를 계속해서 바꿔 서며 고정된 변방과 중심을 거부한다. 다만, 영광과 오욕 사이에 비껴 있는 지루하며 찬란한 일상은 어제도 오늘도 그리고 내일도 계속될 뿐이다. 한가로운 늑도의 올망졸망한 몇 채의 살림집과 식당과 상점들을 읽어내는 좁은 골목길을 돌아다닌다. 어제의 늑도와 오늘의 늑도 그리고 내일의 늑도는 결국 다 같은 늑도일 것이다.

다산을 생각하며

다산 정약용은 그의 노년에 말했다. 조선 사람인 나는 조선의 시를 달게 짓겠노라我是朝鮮人, 甘作朝鮮詩. 정약용은 자만과 오만으로 가득했던 편협한 인물이었던가? 아니면 내 안에서 내 것만 갖고 놀겠다는 자폐적 성격의 소유자였던가? 아마, 둘 모두 아니었을 것이다. 정약용은 한서를 두루 섭렵한 당대의 독서가이자 지식인이었고 한학에 정

통한 시대의 유학자였다. 그러나 그는 모화사상에 매몰되지 않았으며 관념적 · 사변적 학문을 경계했다.

동쪽의 오랑캐東夷면 어떠하리. 동쪽에 맞는 동쪽의 시를 짓겠다는 정약용의 언표는 중심의 관성에 편입되지 아니하며, 오랑캐 또는 변방 또는 창조의 힘으로 스스로 서겠다는 자존의 표명이다.

오늘의 건축, 그 현대건축은 정답 또는 오답의 문제인가? 만약 그러하다면 그 정답 또는 오답의 기준은 어디에 있는 것인가? 그렇다면 그 기준을 세우는 자는 과연 누구인가? 이 물음에 대한 답변은 어렵다.

그러나 단순하게 대답해보자. 현대건축은 정답 또는 오답의 문제는 아닌 듯하나, '주된' 또는 '주류'의 건축판은 서구(또는 서구인들)에 의해 짜여진다. 부정하기 쉽지 않다. 현대건축계 최고 권위의 상들인 '프리츠커상Pritzker Architectural Prize', '베니스건축비엔날레Venice Architecture Biennale' 등을 수여하는 주체들은 서구 그곳에 발을 딛고 있다. 그 발 딛고 있는 곳이란 물리적 공간뿐 아니라 사상과 사유의 기반도 함께 포함한다. 비록 그 최고 권위의 상들이 '보편성'을 이야기하며 제3세계 건축가들 또는 비서구 건축가들에게도 수여되고 있으나, 그 수여 대상의 선정 기준과 선정 과정에서 논의되는 '보편성'이란 개념을 완벽하게 비서구적인 것이라 할 수 없다. '보편'이란 단어는 쉽게 접근하고 또 정의 내릴 수가 없는 개념임이 분명한데(유명론자들은 '보편'이란 오직 이름뿐, 그 실체가 없다, 라고 말한다), 현대건축에 있어서 '보편'이란 단어가 함의하는 바는 모더니즘 건축 또는 유사 모더니즘 건축

270

의 세계 일반에 다름 아닌 경우가 대부분이다. 현대건축의 '보편' 또는 '본판'은 서구 그곳을 중심으로 짜여져 있다.

그렇다면 그 짜여진 본판에서 벗어난 다른 모든 건축은, 건축의 '질'적인 측면에서 주목 받을 만한 가치가 없는 것인가? 물론, 당연히 그렇지 않다. 오히려 본판에 대한 열등의식 없이, 주체의식과 주권의식을 통해 줏대 있게 만들어진, 우리에게 주어진 우리의 삶을 충실히 받아낼 수 있는 '번외'의 집들이 우리에게 좀 더 절실한 것이지 않겠는가?

다시 다산을 들여다본다. 그는 두루 살펴보는 조감의 능력과 자기 성찰의 힘을 갖고 있었다. 그는 남의 것도 알았고 내 것도 알았다. 다산은 남의 것을 살펴 헤아리는 힘과 내 것을 스스로 만들어 나가는 힘으로 우리 격변의 근세 한복판을 치열히 뚫고 나갔다. 그는 타자를 적극적으로 대면하면서 자아를 만들어 나갔다.

우리 건축에서 중요한 것은, 얼마만큼 본판에 가까운 건축을 베껴 짓느냐 또는 따라 짓느냐의 문제가 아니라, 우리의 삶과 현실과 일상에 치열하게 대면하는 줏대 있는 건축, 그리하여 그 치열한 대질의 힘으로 지금 우리의 삶과 현실과 일상 그 너머의 나아갈 방향을 지시할 수 있는 건축이 아니겠는가?

내가 변방에 자립해 있는 자존의 집들을 찾아 싸돌아다닌 이유는, 다만 그 줏대 있는 집들을 보고 싶었기 때문이다. 구석자리의 집들은 아름다웠다.

난 양귀자의 『한계령』을 읽으며, 저 산이 내게도 무언가를 말해주기를 바랐습니다. 난 양희은의 〈한계령〉을 들으며, 한겨울 강원도 화천과 인제, 양구와 양양, 속초와 고성을 오고 가며 태백산맥 눈 덮인 첩첩산중 사이사이를 헤집고 다녔습니다. 그러나 한계령은 아무 말도 하지 않았습니다. 어쩌면 듣지 못한 것일 수도 있습니다. 저 산이 하는 말을 나는 아직 들을 수가 없나보다, 하고 생각하니 서러웠습니다.

금정산 푸른 신록의 발딱거리는 생의 기운과 한계령 하얀 설경의 침잠하는 생의 고요 속에서 나는 아직도 쩔쩔매며 헤매고 있습니다. 우지 마라 우지 마라 하는, 잊으라 잊어버리라 하는, 저 산의 위로가 듣고 싶습니다.

삶의 앞길을 걸으며 그 걸어간 자국을 남겨주시는 이일훈 선생님께 감사드립니다. 건축 그 너머의 가치를 글과 말씀으로 가르쳐주시는 이종건 선생님께 감사드립니다. 비록 아주 옅고 옅은 인연이지만 '함께 여는 새날'이란 글귀로 미숙한 젊은이들의 나아갈 길을 축복해주신 고故신영복 선생님께 감사드립니다. 가난한 글들을 다듬어 한 권의 책으로 세상 빛을 볼 수 있게 해주신 궁리출판 이갑수 대표님, 김현숙 주간님 그리고 다른 모든 궁리식구들께 감사드립니다.

나는 앙드레 고르가 그의 아내 도린에게 보낸 편지를 읽은 적이 있습니다. 시대의 지성 고르는 불치병에 걸린 아내와 동반자살함으로 생을 마감했습니다. 58년, 반백 년을 함께해 온 반려자에게 보내는 노지식인의 뜨거웠던 사랑의 되새김과, 다가오는 아내의 죽음 앞에서 느낄 수밖에 없었던 자신의 나약함과 불안함을 담담히 고백하는 글을 읽으며 나는 울었습니다. 당신을 볼 때마다, 난 '어느 사랑의 역사'를 겹쳐보며 언제까지나 눈물겹고 싶습니다.

내 결핍을 담담히 받아내는 내 젊은 아내 선화에게 이 책이 작은 기쁨이었으면 합니다.

변방의 집, 창조의 공간

1판 1쇄 찍음 2016년 5월 20일
1판 1쇄 펴냄 2016년 5월 25일

지은이 최우용

주간 김현숙 | **편집** 변효현, 김주희
디자인 이현정, 전미혜
영업 백국현, 도진호 | **관리** 김옥연

펴낸곳 궁리출판 | **펴낸이** 이갑수

등록 1999년 3월 29일 제300-2004-162호
주소 10881 경기도 파주시 회동길 325-12
전화 031-955-9818 | **팩스** 031-955-9848
홈페이지 www.kungree.com | **전자우편** kungree@kungree.com
페이스북 /kungreepress | **트위터** @kungreepress

ISBN 978-89-5820-376-6   03610

값 16,000원